Einmal Prinz...
und (fast) zurück

Von Christina Kirsch
für Holger Kirsch

marzellen
verlag köln

Bildnachweise:

S. 10/11, 12, 21, 22, 34 (oben), 46, 62, 65, 70, 75 (oben), 77, 78, 82, 85, 89,
103, 110, 116, 127 (unten), 129 , 130 (unten), 135, 149, 159, 172/173, 177, 179,
180/181, 182, 187, 199, 202/203 – alle: Jann Höfer – www.jannhoefer.de

S. 75 (unten), 91, 98, 107, 125, 127 (oben), 140, 142, 143, 155, 164/165, 166,
171, 200 – alle: Joachim Rieger, Köln – www.fotografie-joachimrieger.de

S. 60, 130 (oben) und Titelbild – Niki Siegenbruck, Köln

S. 119 – Peter Schwöbel - Photographenwerk

S. 153 – Ali Rahnama

S. 96/97 – Costa Belibasakis Fotografie

S. 145 – Klaus Michels

S. 56 (oben) – Heike Reinarz

S. 16, 33, 34, 45, 52, 56, 60, 68, 93, 109, 138, 188, 192, 193, 197 (alle privat)

Bibliografische Information der Deutschen Nationalbibliothek
Die Deutsche Nationalbibliothek verzeichnet diese Publikation
in der Deutschen Nationalbibliografie;
detaillierte bibliografische Daten sind im Internet
über http://dnb.ddb.de abrufbar.

© 2015 Marzellen Verlag GmbH, Köln
Titelfoto: Niki Siegenbruck, Köln
Umschlaggestaltung: Yi-Man Li
Satz/Layout: Marzellen Verlag GmbH, Frank Tewes, Köln
Druck: Theiss Druck GmbH
Alle Rechte vorbehalten.
Printed in Austria.
ISBN 978-3-937795-36-2

www.marzellen-verlag.de

Für unsere Töchter
Marie, Grete und Frida

Unser herzlicher Dank gilt allen, die zum Gelingen des Projektes 2015 und dieses Buches beigetragen haben, vom Senatspräsidenten bis zu unserer Oma mit ihrer Hühnersuppe. Danke.

Die Autorin

Christina Kirsch – 1973 geboren – hat in Köln nicht nur beruflich ihr Glück gefunden. Die Grundschullehrerin, die nach erfolgreichem Studium in Münster und einer kurzen Rückkehr ins heimische Sauerland vor zehn Jahren an den Rhein kam, verliebte sich in die Stadt und bald in einen schmucken Kölner. Durch ihn lernte sie den Kölner Karneval kennen und lieben. Spätestens als ihr Prinz in der Session 2015 zu Prinz Karneval Holger I. wurde, verlor sie ihr Herz endgültig an den Fasteleer.

Doch wie turbulent der Alltag einer waschechten Tollität zwischen drei kleinen Töchtern, Pripro, Haushalt, Sitzungssälen und Ortsgemeinschaft tatsächlich werden könnte, das hat sich wohl keiner der Kirschs träumen lassen.

Aus den Aufzeichnungen der passionierten Tagebuchschreiberin ist mit viel Herzblut und Energie ein Buch über die jecke Zeit geworden.

4

Vorwort
Ist der Papa schon ausgezogen?

„Ist der Papa schon ausgezogen?", fragen uns die Leute. Und dabei gucken die so traurig wie der Dackel von Oma Höbusch und streicheln uns über die Köpfe. Bäh!

Aber die haben doch alle keine Ahnung! Der Papa, der geht doch nur für Karneval weg. In ein ganz tolles Hotel. Nicht, weil die Mama und der Papa sich gestritten haben. Nee. Also, das machen die auch schon mal. Aber der Papa, der zieht aus, weil der Papa ist der Prinz von Köln. Und das ist nicht traurig, das ist was ganz Tolles!

Und wie das alles gekommen ist, hat die Mama für den Papa aufgeschrieben. Weil die Mama, die wollte schon immer einmal ein echtes Buch schreiben. Und der Papa, der wollte schon immer einmal der Prinz Karneval sein. Und wiedergekommen ist er auch...

von Marie, 6 Jahre

Vorwort von Pfarrer Franz Meurer

„Nix is esu schlääch, datt et nitt vör jett joot es" heißt eine kölsche Lebensweisheit. Wofür ist dieses Buch gut?

Gabriel Garcia Marquez, Schriftsteller und Nobelpreisträger beginnt seine Autobiografie „Leben, um davon zu erzählen" mit diesen Worten: „Wichtig ist nicht, wie wir leben, sondern wie wir uns daran erinnern, wie wir gelebt haben, und wie wir davon erzählen".

Von manchen Geschichten träumt man sogar schon im Voraus, etwa als kölsche Jung „einmol Prinz ze sinn in Kölle am Rhing". Also ist es die Erzählung der anderen, die zum Träumen anregt. Bei den meisten kölschen Jungs bleibt es beim Traum, oder mancher wird doch Veedelsprinz oder gar Prinz in einem unserer neun Kölner Stadtbezirke.

Allerdings, für die Hälfte der Kölschen bleibt der Traum unerfüllt, definitiv; für all die kölschen Mädche! Ist es ungerecht, wie bei vielen Jobs in der katholischen Kirche, die auch bisher nur für Jungs reserviert sind?

„Mer muss och jünne künne" heißt eine andere kölsche Lebensweisheit. Dies gilt ja nicht nur für all die Mädels, sondern für fast alle kölschen Jungs. Die Wahrscheinlichkeit, Prinz, Bauer oder Jungfrau zu werden, beträgt rein statistisch eins zu achttausend.

Rechnung: Bei einer Million Kölnern sind 500 000 Jungs. Etwa 20 Jahre des Lebens taugt man zum Dreigestirn, also bleiben 25 000 Jungs übrig. Fürs Dreigestirn durch drei geteilt, macht gut 8000. Diese Rechnung ist natürlich Blödsinn; aber es geht ja um den Fasteleer!

„Mer muss och jünne künne." Christina Kirsch, die Gattin des Prinzen Holger, hat ihrem Mann seine Session gegönnt. Sie wusste ihn ja auch in guter Begleitung von zwei Freunden, dem Bauern und der Jungfrau. Und sie hat Anteil genommen, wie dieses Buch zeigt. Zusammen mit den drei Töchtern Marie, Griet und Frida.

Mit diesem Buch wird die Erinnerung zur Erzählung. Sie öffnet sich für alle, die mitgemacht haben. All die Unterstützer aus der Flittarder Karnevalsgesellschaft; alle die das Dreigestirn bei rund 400 Auftritten erlebt haben: auch für alle Unterstützer des Vereins „Laachende Hätze", den das Dreigestirn zur Unterstützung von Flüchtlingskindern gegründet hat.

Erinnerung ist eine gute Führung. Wir leben vorwärts und wir verstehen rückwärts. Vielleicht wird dem Dreigestirn erst durch dieses Buch klar, wie wunderbar die Session 2015 war.

Inhalt

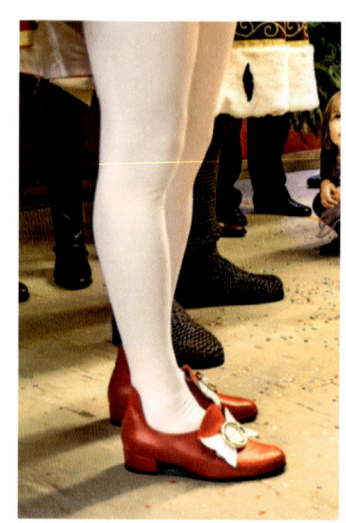

Visionen

Mein Traum

„Was machst du, Papa?", fragt meine Älteste, rutscht neben mich und beißt ein dickes Stück aus meinem Nachdenk-Eis.

„Ich denke."

„Was denkst du?"

„Oh, ich überlege, was ich kann."

„Und?" Noch ein Biss.

„Ich kann nix!"

„Du kannst Häuser malen, Papa", schmatzt sie.

„Oh ja, danke, aber ich überlege, was ich auf einer großen Bühne im Kölner Karneval machen könnte."

„Und?" Mein Eis wird zusehendst kleiner.

„Ich kann nix."

„Was würdest du denn gerne können?" Dass sie keine Kopfschmerzen bekommt, von dem Tempo, in dem sie mein Eis inhaliert.

„Äh, ich weiß es nicht ... vielleicht ... Mundharmonika spielen?"

Woher mir diese Eingebung kommt – ich habe bis heute keine rechte Ahnung. Vielleicht, weil ich als Kind Opa Höbusch von nebenan immer wieder angebettelt habe, noch einmal das Kufsteinlied für mich zu spielen. Dann zog er spontan seine Mundharmonika aus der Tasche und spielte für mich, als ob er auf einer großen Bühne stände. Und diese Vision von dem Prinzen mit der Mundharmonika, die gefällt mir. Immer mehr...

„Dann lern das." Die Unterhaltung ist damit für Marie höchst zufriedenstellend beendet und der letzte Rest Eis in ihrem kleinen Mund verschwunden.

Na, danke. Da kommt es postwendend zurück, dieses pädagogische Gequatsche, mit dem man seine Sprösslinge tagtäglich verbal foltert. Wenn du nur hart genug arbeitest, kannst du alles erreichen. Spitze.

Ich und Mundharmonika spielen? Wie komme ich nur auf das schmale Brett? Wenn sie wüsste, dass ich schon mit rhythmischem Klatschen überfordert bin. Im Fußball-Stadion schiele ich heimlich auf die Hände meines Sitznachbarn – in der Hoffnung, dass er mehr Taktgefühl beweist als ich. Mundharmonika also. Immerhin ein Plan...

14

Aber von vorne...

Mein Name ist Holger Kirsch, 40 Jahre, Architekt und laut meinem Pass geboren in Porz am Rhein, heute Köln. Glücklich verheiratet mit einer Sauerländerin – das schließt sich nicht gänzlich aus – und Vater von drei Töchtern mit den kölschen Namen Mariechen, Griet und... Frida. Irgendwann hört der Spaß bei den Sauerländern dann doch auf.

Meine karnevalistischen Wurzeln liegen in Flittard, der letzten kölschen Bastion vor Leverkusen. Schon früh begleitete ich meine Eltern zur legendären „Miljö-Sitzung" in die Flittarder Schützenhalle. Früher war die liebevoll dekorierte Halle so prall gefüllt, dass der Schweiß von der Decke in meine Limo tropfte und die Perücke, die mir meine Mutter anpömpelte, schnell ordentlich zu jucken begann. Bis heute bringt die Flittarder KG von 1934 e.V. die Hütte zum Brennen – natürlich nur in Sachen Stimmung.

Mit sechs Jahren bekniete ich meine Eltern, sie auf meinen ersten Rosenmontagszug begleiten zu dürfen. Befürchteten sie mangelnde kindliche Ausdauer, so überzeugte sie letztlich das Wissen um meinen ausgeprägten Sammeltrieb, was Kamelle betrifft.

Sie müssen wissen, seit ich Veedelszüge besuche, sortiere ich meine Beute anschließend akribisch in Süßigkeitensparten. Da gibt es die Sparten Gummibärchen, Waffeln, kleine Lutschbonbons, Kaubonbons, Brause, Müsliriegel, Chips, Undefinierbares bzw. Verschiedenes und mit etwas Glück auch Pralinenschachteln. Je nach Ausbeute lässt sich zwischen großen und kleinen, gefüllten und ungefüllten Schokoladentafeln differenzieren. Strüßjer eignen sich weniger zum Verzehr und wandern direkt zu Oma rüber, die sich mit 'nem Fünfer fürs Sparschwein bedankt. Bei akutem Behältnismangel kann man unter Umständen auch Lutsch- und Kaubonbons zusammenfassen, aber ich bevorzuge eine strikte Trennung. Und ich verstehe wirklich wenig Spaß, wenn meine Frau zwei Sparten ineinander kippt, nur weil sie angeblich dringend ihre Salatschüssel benötigt.

Nun begab es sich am Rosenmontag 1981, dass sich meine so ausdauernde Sippschaft längst in die warme Kneipe in meinem Rücken verzogen hatte, während ich kaubonbonkauend meine Schätze bewachte. Und dann passierte es: In einem prunkvollen und übergroßen Wagen baute sich das Prächtigste vor mir auf, was ich bis dato je gesehen hatte. Peter Ganser, glanzvoller Prinz Karneval von 1981, zog stolz an mir vorbei. Ein Traum in Strumpfhosen und meinem Held aus dem Film „Drei Nüsse für Aschenbrödel" wie aus dem Gesicht geschnitten.

Okay, vielleicht lag es am Blickwinkel. Mir stand die Kinnlade auf, und als kaubonbonerfahrener Vater bin ich heute sicher, dass ein Kaubonbonsabberfaden auf mein cooles Indianeroutfit tropfte. Mein Traum war geboren. Kann man im Poesiealbum des hübschesten Mädchens der Klasse als Berufswunsch Prinz Karneval angeben? Man kann. Immerhin habe ich dann doch noch etwas Weltliches gelernt…Erst mal.

Strumpfhosentrauma

Unbewusst trug meine Mutter dazu bei, meinen Wunsch, einmal Prinz Karneval von Köln werden zu wollen, schon als Erstklässler so deutlich zu formulieren. Ich fieberte meiner ersten Sportstunde entgegen, um meinen Mitschülern und eben diesem hübschesten Mädchen mein Können mit dem runden Leder unter Beweis zu stellen. In der renovierungsbedürftigen Umkleidekabine öffnete ich meinen Turnbeutel und machte eine grauenvolle Entdeckung: Ich nenne es schlichtweg mein „Strumpfhosentrauma".

Zu meinem Entsetzen hatte mir meine Mutter eine dicke, gelbe Strumpfhose und schwarze Ballettschläppchen eingepackt. Ihre Begründung? „Damit der Jung nicht friert."

Mein Schwarm schaute jedenfalls der etwas zu knappen Hose mit den drei Streifen hinterher, während ich mit hochrotem Kopf nach Hause stapfte. Wutentbrannt verkündete ich meiner Mutter: „Ich trage noch genau einmal Strumpfhosen und das als Prinz Karneval von Köln!"

Sturm und Drang

In meiner Sturm-und-Drang-Zeit verabschiedete ich mich für die heiße Phase von Weiberfastnacht bis Aschermittwoch von meiner Familie, ernährte mich ausschließlich von einem vorher eigenhändig gekochten Pott Gulaschsuppe und Kölsch. Meine Kostüme bastelte ich natürlich selbst. Ehrensache. So lernte ich auch meine zukünftige Frau an Weiberfastnacht 2006 im Unkelbach kennen. Wie sich das so gehört als kölscher Jung.

Ich war ein Huhn. Ein ziemlich fesches Huhn, wie ich fand. Sie als Schulmädchen verkleidet. Und so erklärte ich ihr noch zwei Dinge vor unserem ersten Kuss: „Dich werde ich heiraten!"

Und: „Ich werde eines Tages Prinz Karneval von Köln sein!"

Kein Kostüm... Uniform

Bevor mich das Leben zurück an die Wurzeln meiner karnevalistischen Brut-stätte führen sollte, nahm ich den schönen Umweg über eines der größten und stolzesten Traditionskorps unserer Stadt: der Prinzen-Garde Köln 1906 e.V.

Über einen guten Freund wurde ich probehalber in das „Corps à la Suite" auf-genommen und absolvierte meinen ersten Rosenmontagszug in geliehenen Gardestiefeln. Während alle unter den acht Kilometern ächzten und anschlie-ßend nur noch mit Hilfe aus ihren maßgefertigten Stiefeln kamen, spürte ich nur noch eins: „Das ist genau das, was ich will!" Mit stolzgeschwellter Brust trage ich seitdem die Uniform der Mählsäck, wie die Prinzen-Gardisten im Volksmund liebevoll geneckt werden. Zum Ärgernis meines Korpsführers bin ich allerdings bis heute nicht in der Lage, meine Fangschnur korrekt anzulegen und zahle fleißig Strafe in die Mannschaftskasse.

Meiner ersten Prinzenwache fieberte ich entgegen wie ein kleiner Junge sei-ner ersten Stadionwurst im RheinEnergie-Stadion. Vielleicht muss ich das kurz erklären: Prinzenwache. Die Prinzen-Garde stellt während der Session das Be-gleitkorps des Dreigestirns. Ich war meinem Ziel also rein räumlich ein klein wenig auf die Pelle gerückt, und Sie können sich vorstellen, dass ich jeden Schritt meiner Galionsfigur aufsaugte und studierte.

Während ich also bald als ordentliches und stolzes Mitglied in der Prinzen-Garde Köln aufgenommen wurde und aufgrund guter Führung mein erstes Be-förderungssternchen an der Uniform polierte (meine Frau: „da bild´ dir mal gar nix drauf ein, dat is en Karnevalskostüm"), pflanzte sich das jecke Gen gleich dreimal und sehr dominant in meinem sehr weiblich-lastigen Nach-wuchs fort: Und so trällert bei uns elf Monate im Jahr Karnevalsmusik. Ersetzt wird diese ausnahmslos von vier Wochen „In der Weihnachtsbäckerei" in Dau-erschleife zur Adventszeit.

Zum Gespräch beim hiesigen Pastor wurden wir allerdings geladen, als eine unserer Sprossen auf die Frage, welche Figur sie im Krippenspiel verkörpern möge, stolz posaunte: „Ein Funkemariechen." So beschlossen wir, dass sich ein Ort außerhalb des Gotteshauses finden lassen müsse, um das jecke Potenzial auszuleben. Da das Sauerland nach kurzer Überlegung ausschied, landeten wir also wieder da, wo meine karnevalistischen Wurzeln ihren Ursprung nahmen... in Flittard.

Beste Freunde

Zeitgleich mit mir strandeten auf der Schäl Sick, im nördlichsten Stadtteil Kölns, ein verirrter Blauer Funk und ein karnevalistisch gänzlich Heimatloser samt Famillich. Will heißen: Michi und Sascha sind dabei. Ohne meine beiden besten Kumpel gehe ich nirgendwohin!

Woher ich Michael Müller und Sascha Prinz kenne? Das muss irgendwann im Sommer 2006 gewesen sein. Ich hatte eines meiner ersten, größeren Projekte als Architekt an der Angel und war auf der Suche nach einem Investor.

So saß ich dann also eines Morgens mit meinen Architektenplänen unter dem Arm in einem Besprechungszimmer am Hohenzollernring, als sich der Raum plötzlich spürbar verdunkelte. Oh, mein Gott, dachte ich. Was für ein Koloss! Mit dem soll ich ein Bauvorhaben auf Augenhöhe abwickeln? Unmöglich! Der wird mich samt meinen Zeichnungen zwischen seinen großen Fingern zermalmen...

„Herr Kirsch, ich mag, was Sie da zu Papier gebracht haben. Ihre Architektur ist ambitioniert, aber gleichzeitig realisierbar. Sehr gut – wir machen das zusammen! Mögen sie Fußball?"

Schnell erkannten wir uns als Leidensgenossen, deren wöchentliche Stimmungslage in großer Abhängigkeit vom 1. FC Köln und dem VfL Bochum steht. Wie entspannt hätten unsere Wochenenden nur als FC Bayern-Fans verlaufen können. Danke, Väter!

Zu Hause erzählte ich meiner Frau von der Begegnung mit diesem Michael Müller. „Schatz, ich habe heute jemanden wirklich Großes kennengelernt, mit dem möchte ich unbedingt befreundet sein."

Kennen Sie „das fliegende Klassenzimmer" von Erich Kästner? Schon immer habe ich mir einen Freund wie diesen „Mats" gewünscht. Einen großen, kräftigen und starken Kumpel, der auf mich aufpasst, wenn ich den Mund zu voll nehme. So einen sanften Riesen, der immer ein offenes Ohr hat. Einer, der noch echte Werte vertritt. Und der notfalls auch mal jemandem eins auf die Nuss gibt. Nicht, dass Michi mir nach dem Mund reden würde, zwischen uns können auch mal die Fetzen fliegen. Aber mit einem Schokoriegel, oder besser noch einem eisgekühlten Kölsch, wird er sogleich wieder lammfromm.

Innerhalb kürzester Zeit fand ich in Michi meinen „Mats". Wir besuchten unendlich viele Fußballspiele, mal begleitete ich ihn auf seinem Leidensweg nach Bochum, mal lieh er mir seine breite Schulter zum Ausweinen nach einem Besuch beim FC in Müngersdorf.

Auf einer dieser Tour der Leiden lernte ich Sascha kennen. Okay, ich war zunächst etwas irritiert, dass der Kollege auf dem Weg zum Fußball aussah, als müsse er im Anschluss noch über den Catwalk spazieren, aber gegen ein gepflegtes Äußeres kann man ja nichts einwenden. Mit seinem Markenzeichen, diesem Einstecktüchlein am Revers, ziehen wir ihn übrigens heute noch erfolglos auf. Aber Sascha überzeugte mich schnell mit einem soliden Grundwissen über Fußball und seinem Können am Glas. Hut ab! Der kippt das Zeug in sich rein und geht weder auf die Toilette, noch verändert er seinen stets souveränen und adretten Auftritt. Ich bin sicher, der pinkelt Eiswürfel.

Eine weitere, für unsere gemeinsame Zukunft nicht unbedeutende Leidenschaft verband uns drei: unsere Liebe zum kölschen Fasteleer, zum Karneval...

So sahen wir in Flittard eine Möglichkeit, gemeinsam und mit Famillich Karneval ze fiere. „Wer in Flittard Fastelovend fiert, jo, dä merk´ dat hä dozojehööt" – und so schlossen wir uns samt Kind und Kegel der Gesellschaft an.

Flittard, das heißt „Karneval zum Anfassen". Da gibt es keine glänzenden Uniformen und unsere Litewka – naja, ich will niemandem zu nahe treten – meine Frau nennt sie liebevoll „das Kasperl". Sagen wir mal, der wahre Karnevalist hat auch Mut zur Hässlichkeit, und das Innere zählt. Davon hat der gemeine Flittarder aber gleich ´ne ganze Menge. Da klettert der Präsident noch selbst auf die Leiter, um die Ballons dort zu befestigen, wo einst Schweißperlen den Raum dekorierten. Da wird das Buffet selbst gebacken und das Mettbrötchen in die Öllig gedrückt. Das ist wie zu Hause – wo du sein kannst, wie du bist – und wir fühlten uns sofort pudelwohl.

Ein Traum... oder vielleicht eher Größenwahn?

Dass ich meinem so glanzvollen Traum ausgerechnet in diesem ehemaligen kleinen Fischerdorf so zum Greifen nahe gerückt war, damit hatte ich nicht gerechnet...

Dies verdanken wir dem Hirngespinst unseres weit über Flittard hinaus bekannten Präsidenten Henry Jahn, der sich mit dem 80-jährigen Bestehen seiner KG eine letzte Vision erfüllen wollte. So begab es sich, dass wir wieder einmal versuchten, unsere Narrenburg leer zu trinken, als Henry zu später Stunde zu uns an die Theke trat...

Nun könnte man ja auch einfach unumwunden fragen. Aber wer unseren Präsidenten kennt, weiß, dass er dazu eine geschichtliche Abhandlung hält. Das Ende in jedem Fall klang in etwa so: „Wie sieht's aus, Jungs? Ihr seht aus wie das nächste Dreigestirn von Kölle?!"

Schluck.

Ein Blick zu dem Koloss, der den Kopf in sein Kölschglas links von mir versenkt hatte... und nach rechts auf eine leicht gebräunte, filigrane Hand, deren kleiner Finger elegant abgespreizt war, ließ keine Rollenverteilung offen. Ich brannte.

Der Abend wurde länger und mein Gedächtnisprotokoll schwächer. Aber seien wir mal ehrlich! 120 Mitglieder und ein Dreigestirn stellen – wie sollten wir das stemmen? Nennt man das Herzblut oder Größenwahn? Ist Dreigestirn da nicht gleich drei Nummern zu groß für uns? Aber dabei hatten wir die Rechnung ohne unsere Flittarder gemacht...

Frauen fragen

Zunächst hatten wir eine viel größere Hürde zu nehmen als die, sich als Davidgesellschaft wie die Flittarder KG, beim Goliath des Kölner Karnevals, dem Festkomitee, mit einer Erfolgsaussicht gen Null zu bewerben: Wie um Himmels Willen verklickern wir das nur unseren Frauen? Die Strategien waren sehr unterschiedlich...

Michi erwähnte es mehr so nebenbei, so als könne er seine Kumpels nicht hängen lassen. Sascha, unser Frauenversteher, spielte auf demokratische Mitbestimmung aller Familienmitglieder einschließlich Hund. Ich entschied mich für den manipulativen Weg und ließ Blumen sprechen. Zuletzt gab es einen dicken Rosenstrauß, nachdem ihr heiß geliebter A3 in meinen Händen einen schnellen aber sehr endgültigen Motortod starb.

„Wen oder was hast du auf dem Gewissen?", fragte sie und lehnte sich dabei mit geschlossenen Augen an die Badezimmertür.

Okay, zugegeben, vielleicht war der Zeitpunkt, nach einer durchwachten Nacht einer schwangeren Frau jetzt nicht der allergünstigste. Aber Sie müssen dazu wissen, dass meine Frau ihre Morgenübelkeit gerne mal auf 24 Stunden am Tag ausweitet. Und ich konnte jetzt wirklich nicht länger abwarten. Außerdem ist das beim dritten Kind nicht mehr so ganz neu, man könnte also sagen, fast ein Dauerzustand. Und immerhin hatte ich meinen Wunsch schon im Kennenlernen formuliert, sozusagen mitverkauft.

Schweigen.

„Wenn das dein Lebenstraum ist, unterstütze ich das."

Stürmische Begeisterung klang anders, aber das war mehr, als ich unter pränatalen Hormonschwankungen zu erhoffen gewagt hatte. Denn Pfarrer Meurer, der uns getraut und alle unsere drei Kinder getauft hat, sagt: „Wenn auch nur ein Funken zwischen diesem Vorhaben und deiner Frau steht, vergiss es." Und Pfarrer Meurer hat immer Recht.

Bewerbung

Nach diesem Segen „von oben" arbeiteten wir drei fieberhaft an einer schriftlichen Bewerbung für das Festkomitee. Das ist so etwas wie der Dachverband des Kölner Karnevals, dem allesamt verdiente Kölner angehören, die in ehrenamtlicher Arbeit unter anderem alljährlich und sorgfältig ein neues Dreigestirn auswählen.

Mein Kopf wird fortan also von genau einem Thema beherrscht. Geregeltes Arbeiten fällt schwer. Zuhören auch. Angehörige werden auch nicht besser gelaunt, wenn sie jede Frage Minimum dreimal stellen müssen, um in ein dreigestirngeschwängertes Hirn vorzudringen. Und dieser Zustand sollte einige Zeit so anhalten...

Mundharmonika...? Oder ein Virus

Zunächst steht das an, wovor es mir am meisten graut: ein mögliches Bühnenprogramm andenken. Eine Idee, mit der wir uns bewerben können. Und die soll natürlich möglichst originell sein...

Na danke, Wicky Junggeburth, danke! Seitdem er sich 1993 mit seinem legendären „Eimol Prinz zo sin" in die Herzen aller Kölner sang und sich damit unsterblich machte, reicht es als Prinz einfach nicht mehr, nur noch schwade ze künne. Vielen Dank!

Michi ist ein richtig guter Sänger, und Sascha wedelt wie kein zweiter mit den Händchen und versprüht durch seine bloße Anwesenheit im gesamten Raum gute Laune. Aber ich...? Verdammt. Ich kann nix...

Naja, immerhin ist da ja diese Idee mit der Mundharmonika.

Und sie gefällt mir. Sehr. Und immer mehr.

Ich weiß nicht, ob es Verzweiflung, aufkommende Panik oder mein pädagogisches Pflichtgefühl ist, das mich zu meiner ersten Mundharmonika-Lehrstunde treibt. Und ich hätte nie gedacht, dass ich noch einmal ein Instrument lerne, schon gar nicht mit Ende 30. Erst einmal muss ich jedoch einen Mundharmonika-Lehrer finden, der bereit ist, mir Unterricht zu geben. Gar nicht so einfach. Die Spezies scheint mir rar zu sein. Im Internet werde ich fündig. Ich rufe an und vereinbare einen Termin, bevor mich der Mut verlässt.

Ort meiner ersten Mundharmonika-Stunde ist der hinterletzte Keller von Köln, unter einem etwas angeranzten Jugendzentrum mit Wänden, dick wie ein Atomschutzbunker. Vermutlich, um die Außenwelt vor meinen musikalischen Ergüssen zu bewahren.

Es öffnet mir ein etwas zotteliger Typ mit Koblenzer Dialekt, wie er wohl im Buche stehen würde, wenn man unter Mundharmonika-Lehrer schauen würde. Ganz ehrlich, ohne meinen Traum und meinen großen starken Freund im Rücken wäre ich wahrscheinlich wieder gegangen. Denn Michi und Sascha sind dabei – ihnen gefällt die Idee, dass wir auf der Bühne gemeinsam musizieren.

Unsere erste Stunde beschließen wir ernüchtert und mit dem jämmerlichen Gefühl, dass wir dieses kleine, simpel anmutende Instrument niemals beherrschen werden. Dabei habe ich meiner Frau noch stolz verkündet, dass ich ihr heute Abend ein erstes Ständchen spielen werde. Weit gefehlt.

„Vergiss es, ich hab Angst das Ding zu verschlucken", gibt Michi widerspruchslos zu verstehen, dass seine Lippen eindeutig nicht für dieses filigrane Blasinstrument geschaffen sind. Denn die kleinen, silbrigen Fächer, die die einzelnen Töne erzielen, liegen verflixt eng beieinander. „Kanzellen" nennt der Profi die. „Davon kriegt man sicher 'nen Virus", winkt Sascha dankend ab. „Sorry, Jungs, aber ich bin hier raus."

Ich hingegen sträube mich, meinen Traum so wehrlos aufzugeben, kämpfe aber – neben allen anderen Problemen – hartnäckig mit der Atemtechnik. Bei Opa Höbusch sah das immer so einfach aus. Doch das Mundharmonika-Spiel ist ein Zusammenspiel aus Blasen und Ziehen der Kanzellen, das heißt, einige Töne werden geblasen, andere gezogen. Jetzt ziehen Sie mal fünfmal hintereinander. Oder besser noch, fünfmal blasen, fünfmal ziehen. Ich schnappe nach Luft wie ein Fisch auf dem Trockenen und kollabiere beinahe mehrfach.

Aber so leicht gebe ich nicht auf, und während mich meine beiden besten Kumpel feige im Stich lassen, steige ich Woche um Woche in den Keller der Grausamkeiten, um vom Meister der Mundharmonika sein Handwerk zu erlernen. Mein Lehrer ist mehr als geduldig mit mir. Nur über eins wundert der Antikarnevalist und Bob-Dylan-Fan sich – dass ich ausschließlich Karnevalslieder spielen will. Aber so schöpft er wenigstens keinen Verdacht...

Die Bewerbung... Bin ich sauber?

In Vorbereitung auf die Abgabe einer schriftlichen Bewerbung für die Session 2015 steht eins fest: Schon unser erster Eindruck beim Festkomitee muss ein guter sein. Und um als so kleine Familiengesellschaft überhaupt wahrgenommen zu werden, muss etwas Besonderes her. Also bittet Michi einen befreundeten Scherenschnittkünstler, unsere spirituelle Zusammenkunft in der Narrenburg, unsere Entstehungsgeschichte sozusagen, als Papiertheater zu gestalten, das wir als kleinen Film unserer Bewerbung beifügen.

Außerdem muss ein polizeiliches Führungszeugnis her. Oh Gott, was steht da drin? Bin ich sauber? Welche Jugendsünde ist da verewigt, die man schon längst verdrängt hat? Hab ich all meine Knöllchen bezahlt?

Und haben wir überhaupt eine realistische Chance? Da hält sich der Mythos, dass nur Gesellschaften im Jubiläumsjahr ein Dreigestirn stellen dürfen. In der Regel große Korpsgesellschaften mit viel Manpower und dem nötigen Background. Und dann bewirbt sich dieses kleine rechtsrheinische gallische Dorf... und es passiert eine gefühlte Ewigkeit... einfach nichts.

Ab in die Studentenbude

Nichts, nichts, nichts. Also so ganz jetzt auch nicht. Vielleicht sollte ich am Rande erwähnen, dass wir ein neues Haus bauen. Also gut, für mich als Architekt ist das jetzt nicht so ganz außergewöhnlich. Häuser bauen, mein ich. Aber es war so rein gar nicht geplant – doch wir brauchen jetzt eins mit drei Kinderzimmern. Plus eins in Reserve. Man kann ja nie wissen. Und das bedeutet, dass wir für ein Jahr in meine alte Studentenbude ziehen. Denn der Käufer unseres Hauses möchte sofort rein, und wir müssen somit raus – und da trifft es sich gut, dass unsere alte Wohnung gerade frei ist. Es sollte wohl einfach so kommen.

„Du spinnst doch total", schimpft Michi. „Das Projekt Dreigestirn ist bei unserem Arbeitsaufkommen kaum zu bewältigen, und jetzt baust du auch noch. Und Christina ist schwanger."

Das stimmt. Und sie ist ziemlich schwanger. Also nicht, dass meine Frau fimschig wäre, im Gegenteil. Aber sie ist halt immer von der letzten Haarspitze bis in den kleinen Zeh schwanger, wenn Sie verstehen, was ich meine. Also von zehn Nebenwirkungen einer Schwangerschaft nimmt meine Frau elf mit. Aber da hab ich die Rechnung ohne sie gemacht: „Ich mach den Umzug, kümmer du dich um euer Projekt", raunt meine Frau und rollt zum Telefon. Alles klar. Nesttrieb nennt sie das. Und da muss ich jetzt mal sagen, da kannste se gebrauchen, die Sauerländer. Ein Sauerländer, ein Wort. Lebenslänglich.

Da sagt man uns Kölnern nach, wir seien anders. Ich möchte dem widersprechen. Man mag uns unsere Freundlichkeit als Oberflächlichkeit auslegen, aber ich möchte gar nicht mit jeder höflichen Fleischfachverkäuferin befreundet sein. Trotzdem freu ich mich über ein freundliches Wort und ein „Liebelein, wat künne mer dann für dich hück dun?" Oder? Das ist doch netter als ein sturer, vor sich hinrummelnder Sauerländer. Aber anpacken, das können se.

Na gut, ich geb nur ungern und durchaus beschämt zu, dass meine Frau hochschwanger und vor sich hinrollend den Umzug in unser Übergangsquartier allein mit ihren Freundinnen wuppt. Und für die drei Tage rund um den Umzug hatte ich mir wirklich nichts anderes in den Kalender eingetragen. Bloß leider kommt eine streng berufliche Einladung aufs Oktoberfest in die Quere. Also, die war jetzt wirklich rein beruflich, die Einladung. Und meine Frau hat sogar, wenn auch etwas knirschend, Verständnis für diese Art beruflichen Kontakt.

Bloß, dass ich dann so doll abschmiere, dass ich für den Umzug kaum zu gebrauchen bin, dafür hatte sie kein Verständnis mehr. Und der Haussegen hängt ordentlich schief. Dass ich kopftechnisch eh nur auf Dreigestirn programmiert bin, schreit sie mich an, das sei nicht zu ändern, aber dass meine kaum zu erahnende Muskelkraft auch noch ausfällt, das reiche jetzt mal. Und so was von!

Stinksauer ist sie und hochrot ihr Kopf, dass ich denk, sie kriegt gleich Wehen. Hab ich wohl ganz schön Mist gebaut. Ich würd ja jetzt mal sagen, der Druck ist einfach riesengroß und die Maß auf der Wies´n auch, und da ist es einfach passiert. Kleiner Absturz. Aber Sascha und Michi auch!

Also reiß ich mich ganz furchtbar zusammen und schlepp´ Möbel und Kartons. Obwohl mein Kopf mir viel zu groß für die kleine Eingangstür erscheint. Was vielleicht daran liegen könnte, dass die Tür zu unserem Übergangsquartier echt schmal ist. Das ist klein, also verdammt klein für eine vier-, bald fünfköpfige Familie. Aber wir fühlen uns trotzdem gleich wieder heimisch.

Schon seltsam, mit wie wenig man auskommt. Mich macht die Enge, gelinde gesagt, etwas irre, wenn ich nachts an den Plänen für unser neues Haus zeichne. Und so liege ich im Halbdunkel auf dem Teppich im Wohnzimmer und lausche dem leisen Schnarchen aus dem Nebenraum.

Schnarchen ist auch so etwas, was meine Frau mit kontinuierlich ansteigender Gewichtszunahme beginnt, auch wenn sie dies natürlich vehement abstreitet. Dann reagiert sie gleich empfindlich, wenn ich der Nachbarschaft das Beweismaterial auf meiner Handykamera vorspiele. Na, wenn sie mir aber auch partout nicht glaubt? Musste ich ihr doch beweisen. Dann ist natürlich das Baby schuld, klar. Wenn der Bauer nicht schwimmen kann, liegt es an der Badehose. So ist das mit den Sauerländern.

Drum hat sie dann auch nur wenig Mitleid mit mir, wenn ich des Nachts barfuß in diverse Legosteine tappe. Meine Frau fragt, ob ich mich bei der Größe unseres neuen Hauses nicht im Maßstab vertan habe, aber ich glaube, es ist einfach der Enge der Räume unserer Behausung geschuldet.

Und so zeichne ich mir im neuen Haus auch großzügig ein echtes und urmännliches Männerzimmer. „Ego Room" nennt es meine Frau spöttisch, aber das brauche ich – bei demnächst vier Frauen im Haus.

Fastelovendsspillche...

Den 11.11.2013 verbringe ich im Krankenhaus Holweide, denn der angesehene Kölner Professor Dr. Friedrich Wolff – übrigens Senatsvizepräsident bei der KG Sr. Tollität Luftflotte – holt trotz Ruhestands und frei nach dem Motto „aller guten Dinge sind drei" auch unsere kleine Frida Dorothea auf die Welt. Denn wie sagt die Oma? „Fastelovendsspillcher sind Allerhilligens Bildcher." Will heißen: Wir haben alle drei Kinder im Karneval gezeugt, und die Geburtstage drubbeln sich eng beieinander. Irgendwie scheint mir die Karnevalszeit eine sehr fruchtbare Zeit zu sein. Einfach meine Zeit.

In TV und Zeitungsbergen verfolge ich akribisch jeden Schritt von Prinz Björn Griesemann, Jungfrau Jens Hermes und Bauer Michael Bernecker. Ob der nächste Bauer wohl wieder Michael heißen wird? Sollten wir auf der Bühne am Heumarkt stehen und Zehntausende Jecken begrüßen? Unvorstellbar.

Aber im Moment zählt unsere kleine Familie, und wir verleben herrlich ruhige Weihnachtstage in unserer ausdekorierten Minibude. Nun schare ich vier Frauen um mich herum. Und vielleicht bald fünf, denn sollte das Projekt Dreigestirn wirklich kommen, benötigen wir ein Au-pair-Mädchen, um das zu stemmen. Außerdem beschließe ich, mit Umzug ins neue Haus direkt ins Tierheim zu fahren und mir den größten und männlichsten Rüden auszusuchen, den ich finden kann. Und der soll dann „Junge" heißen!

In geheimer Mission: Ein Pissoir für drei

In seiner Funktion als Blauer Funk organisiert uns Michi Karten für die bevorstehende Prinzenproklamation, denn die Funken Artillerie blau-weiß stellt 2014 das Dreigestirn. Die Karten sind teuer und rar, aber wir müssen einfach dahin und das live und in Farbe erleben.

Den umjubelten Einzug des Dreigestirns in den Gürzenich verfolgen wir mit Gänsehaut und kneifen uns gegenseitig, während sich unsere Frauen leicht seufzende Blicke zuwerfen. Ob wir die Nächsten sind?

Ich absolviere zwei Prinzenwachen und fühle mich dabei wie ein Topspion in geheimer Mission. Abends treffe ich mich mit Michi und Sascha auf einen Absacker in der Hofburg und erstatte Bericht. Wir fühlen uns ein bisschen wie ein geheimes Übernahmekommando, das den Sitz der amtierenden Regenten ausspioniert. Also wir wären bereit.

„Los", sagt Sascha, „wir gehen da hoch."

Mit „wir gehen da hoch" meint er: „Auf die 800."

Die legendäre 800.

Das ist der 8. Flur des Pullman Cologne Hotels, auf dem das Dreigestirn samt Adjutantur für die Session seine Zimmer bezieht. Na, also diese närrische Dreistigkeit hätte ich unserer „Quotenfrau" nicht zugetraut. Und bevor Sie jetzt auf die Idee kommen, das mal zu probieren, kann ich Ihnen verraten, dass der Trakt streng Video überwacht ist. Und irgendwie kommen wir auch etwas vom Weg ab, was eventuell dem einen oder anderen Kölsch geschuldet sein mag.

So stolpern wir auf der Flucht vor dem Wachmann rückwärts in die nächste Tür und finden uns in der Männertoilette der 12. Etage wieder. Wir drehen uns um, und ich möchte schwören, dass es meinen zwei Seelenverwandten ebenso ergeht wie mir. Es erscheint uns wie eine heilige Prophezeiung. Also gut, ich weiß nicht, ob man drei hellgrün geflieste Männerpissoires vor unserem hell erleuchteten, alles überstrahlenden Dom, als heilig bezeichnen darf, aber wir bestaunen das Urinal ehrfürchtig und andächtig. So soll es sein. Genau hier wollen wir stehen. Wir drei Freunde. Und das Bier treibt ganz schön.

Wenig später fragt mich Michi nach der Telefonnummer meines Architekturfotografen, was mich nicht weiter verwundert. Dafür überrascht er uns mit einem Foto, was ab sofort meine Bürowand ziert und für einige Irritation bei Besuchern sorgt. Erklären kann ich das nicht, dafür motiviert es mich umso mehr. Ziele braucht der Mann. Und irgendwie muss ich seitdem auch ständig zur Toilette.

Bewerbungs-
gespräche

Keine Zeit für Midlife-Crisis

Und dann kam sie. DIE Einladung. Die erste Hürde ist tatsächlich genommen. Ein erstes Vorstellungsgespräch. Pünktlich zu meinem 40. Geburtstag. Für Midlife Crisis keine Zeit.

Aber wie erklärt man Freunden und Familie, dass man sie wieder auslädt? Zum 40. Ein wichtiger Geschäftstermin musste her. Denn ein Projekt Dreigestirn ist streng geheim. Macht die Presse ein mögliches Dreigestirn publik, behält sich das Festkomitee vor, ein anderes zu wählen. Ort, Personen, Inhalt – alles top secret. Ein wenig so, als suche man das nächste Geheimagententrio mit der Lizenz zum Töten und nicht drei möglichst Jecke, die bereit sind, Kamelle im Wert eines Kleinwagens unters Volk zu werfen.

Also büffeln wir wie drei Absolventen vor ihrem ersten Bewerbungsgespräch. Was zieht man an? Und bitte pünktlich erscheinen, nicht zu früh, nicht zu spät, um möglichen anderen Bewerbern nicht zu begegnen und sie womöglich zu enttarnen. Wir wissen nur, es sind so viele wie noch nie, und das Herz sinkt ein wenig weiter in die Anzughose. Also hole ich alle Beteiligten sehr pünktlich ab, um anschließend so gravierend im Stau zu stehen, dass unsere Geheimmission zu scheitern droht, bevor sie überhaupt beginnen soll.

Nennen wir es Schicksal, irgendwie schaffen wir es auf die Minute pünktlich und schweißgebadet an den geheimen Ort der konspirativen Zusammenkunft.

Unser Gespräch läuft... bestens. Du kannst halt nur aus dem Ärmel schütteln, was du vorher reingesteckt hast. Und wir schöpfen zum ersten Mal ernsthaft Hoffnung, als uns das Festkomitee erklärt, dass die Gesellschaft den Zuschlag bekommt, die das authentischste Dreigestirn stellt, unabhängig von Größe, Jubiläum oder Geldbeutel.

Projekt 2015 – Warten aufs Ergebnis

Unsere erste Euphorie verrinnt wie die Zeit... denn es passiert eine gefühlte Ewigkeit einfach nichts. Wir hätten doch längst etwas gehört, würde unsere Reise zu dritt irgendwie weitergehen? Das positive Bauchgefühl macht nervösem Bauchgrummeln Platz.

Dann trommelt uns unser Präsident zusammen: Er hat Neuigkeiten vom Festkomitee. Henry treibt mich in den Wahnsinn mit seiner Geheimniskrämerei. Kein Sterbenswörtchen kommt ihm per Telefon oder über unsere What´s-app-Gruppe „Projekt 2015" über die Lippen. Schier zum Verrücktwerden!

So sehr wir ihn beknien: Er rückt die Neuigkeiten erst am Ort unserer geheimen Zusammenkunft raus. Dafür übertreffen sie alle unsere Erwartungen: Wir sind eine Runde weiter! Eine Runde? Was heißt das? Wie viele Bewerber sind noch im Rennen? Und wie viele Runden gibt es überhaupt? Wir haben doch schon so unendlich viel Zeit und Arbeit investiert.

Eine neue Aufgabenstellung gibt es. Eine Rede zu „feierlichem Anlass" vorbereiten. Wieder Treffen, Schreiben, Pauken. Wir treffen uns jeden Sonntag plus ungezählte Male unter der Woche, einfach jede freie Minute geht dabei drauf.

Und wo wir uns überall treffen! Die meisten unserer konspirativen Zusammenkünfte finden wechselweise in unseren Büros statt, aber Mitarbeiter haben Ohren. Deshalb wählen wir Orte, die uns so unauffällig wie möglich erscheinen. Im Nachhinein betrachtet sind sie wahrscheinlich deshalb besonders auffällig. Wir treffen uns in der Ständigen Vertretung am Flughafen, in Deutz im Brauhaus ohne Namen, ja selbst in Leverkusen!

Lauschangriff beim Vater-Kind-Zelten

Und ich übe – natürlich – Mundharmonika spielen, was das Zeug hält.

Das Tolle an diesem Instrument ist, dass es in jede Hosentasche passt. Und so trage ich es zur unbändigen Freude meiner Umwelt immer bei mir. Meine Frau nennt mich nur noch liebevoll den „Laubbläser". Denn sie meint: Wenn du selber „son Laubblasedings" in der Hand hast, kann das sehr spaßig sein, für alle anderen gestaltet es sich schnell als unerträglich. Ich kann die Verbindung zu meinem Mundharmonikaspiel wirklich nicht sehen...

So wandert das gute Stück auch ins Gepäck, als ich die Tasche für unser alljährliches Vater-Kind-Zelten packe. Oder sagen wir besser so: Meine Frau sortiert alle vermeintlich wichtigen Dinge wie Schlafsäcke, Fleece-Pullis, dicke Socken und Unterwäsche – immer ein Paar mehr als die Anzahl der Tage, die man verreist, denn es könnte ja ein Malörchen passieren. Und ich verstaue die wirklich wichtigen Dinge, die man(n) braucht: Mag-Lite, Fackeln, Buschmesser, Feuerwerkskörper – denn Michis Sohn und ich bekennen uns als leidenschaftliche Pyromanen und versuchen die jeweilige Wahlumgebung in Schutt und Asche zu legen.

Die Kinder können den Einkauf im Handelshof nicht abwarten, und das mit Abstand Gesündeste im vollbeladenen Einkaufswagen sind Bifi und Capri Sonne. Meine Frau hat inzwischen kapituliert, wird aber nicht müde, die Kühltaschen mit allerlei geschnippeltem Obst und Gemüse-Sticks in Tupper zu spicken. (Als ob man bereitwillig eine Möhre knabbert, wenn man sie auf der Suche nach einer Kaubonbonstange versehentlich gegriffen hat.) Wahrscheinlich braucht sie das für ihr Gewissen, obwohl sie doch inzwischen wissen müsste, dass wir das Grünzeug unversehrt wieder mitbringen.

Dafür besteht sie dieses Jahr darauf, unsere Mittlere, die uns mit ihren zwei Jahren zum ersten Mal begleitet, in eine Ganzkörperschwimmweste zu verpacken, da sich in hundert Kilometer Entfernung ein See befindet. Für den unwahrscheinlichen Fall von Alkoholkonsum der erziehungsberechtigten Begleitpersonen befestigt sie ein Glöckchen an dem sich sträubenden Nachwuchs, damit er sich auch in der Nacht nicht unbemerkt vom Tatort entfernen kann. Frauen.

Tatsächlich sind wir sehr damit beschäftigt, unsere Pänz tagsüber durch allerlei sportliche Aktivitäten möglichst bettschwer zu bekommen, denn wir sind ja in geheimer Mission unterwegs. So geheim, dass selbst unsere Brut nicht mitbekommen darf, dass wir nachts an der geforderten Rede zu feierlichem Anlass feilen.

Leider geht das ausgiebige Sportprogramm und die frische Luft auch an uns nicht spurlos vorüber, und so kämpfen wir am Lagerfeuer mit der Müdigkeit, während der Nachwuchs unbeeindruckt eine ansehnliche Anzahl Marshmallows vertilgt.

Irgendwie kann ich mich dem Eindruck nicht verwehren, dass die urromantischen Klänge meiner Mundharmonika im Mondlicht die klebrige Bande dann doch schneller als erwartet in die Zelte und unter ihre i-Pad-Kopfhörer treibt. Nur die Jüngste räkelt sich noch schlafend und leise bimmelnd von einer Schlafposition in die andere auf mir und stellt schon lange keine Gefahr eines Lauschangriffes mehr dar, sodass wir endlich unseren Vortrag üben können...

Zweite Runde

Dann steht das zweite Bewerbungsgespräch bevor. Heute sind unsere Frauen mit an Bord. Immer gut, etwas Schönes an seiner Seite zu haben. Ich fühle mich komplett. Und wenn es jetzt nicht klappt, können wir insgeheim die Schuld auf unsere Frauen abwälzen...

Also treffen wir diesmal zu sechst plus Präsident am geheimen Ort ein. Ja, ja, ich weiß, nicht zu früh und nicht zu spät. Vielleicht erklärt jemand dem Festkomitee die aktuelle Verkehrssituation, wenn man nicht per Helikopter anreist.

Die Gläser rund um den Besprechungstisch sind benutzt, die Schnittchen deutlich dezimiert. Ist das gemeine Festkomitee-Mitglied aufgrund chronischen Zeitmangels zu Hause so in Ungnade gefallen, dass es dort nichts mehr zu essen bekommt, oder saß schon eine Batterie Bewerber vor uns hier, die – anders als wir – einen Bissen runterbekommen? Und würden die uns mit Frauen einladen, wenn es noch andere Bewerber gibt? Fragen über Fragen, auf die wir nie eine Antwort bekommen.

Dafür möchte der Vorstand wissen, wie die Damen zu dem Vorhaben ihrer Männer stehen und ob sie keine Ängste haben, wenn demnächst die Kölner Damenwelt ein Auge auf ihre Gatten wirft.

„Das ist die schönste Idee, die unsere Männer jemals hatten", grinst meine Frau – und mir stockt der Atem. Ich weiß sie eigentlich so gern an meiner Seite, weil sie immer angemessen ist. Aber ganz kriegt man das Sauerland nicht aus ihr raus. Und das ist gut so. Mit Glamour-Quatsch kann man ihr nicht imponieren. Aber jetzt vermassle es nicht, die wollen doch hören, dass du das hier total super findest!

„Doch", fährt sie fort, „das wäre wohl gelogen, wenn man als Partner jubelnd in die Hände klatscht, wenn der Ehemann mit einer solchen Idee um die Ecke kommt. Und wir Frauen hatten auch zunächst Angst davor. Aber die Vorbereitung hat uns als Ehepartner und Freunde so eng zusammengeschweißt, dass da kein Blatt mehr zwischenpasst."

Puh. Gerade nochmal die Kurve gekriegt. Aber ja, das stimmt. Wir sind schon eine krasse Herde.

„Und bei vier Frauen zu Hause, darf man auch mal Prinz sein." Ich wusste, dass sie sich was Freches nicht verkneifen kann. Aber das Festkomitee scheint glücklich mit dieser Aussage.

Also liegt es jetzt doch an uns. Aber das viele Üben zahlt sich aus, und so gelingt es, unsere Lagerfeuerrede fehlerlos zu präsentieren.

Tipi mit Stromanschluss

Ein wichtiges Thema: Wir erläutern unsere Idee, mögliche Spendengelder für das Dreigestirn effektiv und unbürokratisch einzusetzen. Denn eins hat uns die Lagerfeuerromantik vor Augen geführt. Dass es uns richtig gut geht! Ich möchte betonen, dass früheres Vater-Kind-Zelten deutlich spartanischer verlief, aber in diesem Jahr war es an dem weiblichen Part unter uns Männern, unser Männerwochenende zu organisieren. Sprich, Sascha bucht. Und so finden wir uns anstelle auf urmännlichen und saumäßig piekenden Strohsäcken im Gruppenzelt dieses Jahr in einem Tipi mit fießend Wasser und Toilette wieder. Weiber. Is aber ganz bequem und muss ja keiner erfahren. Angesichts des Stromanschlusses im Tipi ist uns schnell klar, dass man diese Chance des karitativen Engagements nicht ungenutzt verstreichen lassen darf.

So sprechen wir im Anschluss an unser männliches Wochenende mit unserem Freund Pfarrer Meurer. Der weiß, wo es brennt. Und wir wissen, dass da wirklich jeder Cent direkt ankommt.

Er sensibilisiert uns für die aktuelle Flüchtlingsproblematik in unserer Stadt. Tausende Flüchtlinge sollen Köln im Januar 2015 erreichen, davon die Hälfte Kinder. Eine schwierige Situation und viel Arbeit, die finanzielle und tatkräftige Ressourcen erfordern. Vielleicht können wir nur einen kleinen Beitrag leisten, aber sollte es so kommen, wollen wir unsere Kontakte und das Netzwerk nutzen, das wir als Dreigestirn spinnen werden. „Social jeck, kunterbunt vernetzt" – so lautet das Motto der kommenden Session. Wenn das kölscher Klüngel ist, dann wollen wir da mitmischen.

Bühnenprogramm

Soweit gut. Und ein mögliches Bühnenprogramm? Verdammt, ich wusste, dass es zu gut läuft. Jaaaa… also Michi kann gut singen, und Sascha dreht sich sehr rhythmisch zur Musik, und eine erste Musikauswahl ist schon getroffen. Das klingt zugegebenermaßen alles etwas vage. Aber wie will man das als bekennender Nicht-Bühnenkünstler auch leisten? Reicht das nicht?

Meine Hand umklammert die Mundharmonika in meiner Hosentasche und droht sie zu zerquetschen. Soll ich…? Starren die jetzt auf das letzte Lachsschnittchen vor mir oder erwarten die fragenden Blicke etwa mehr?

Ich ziehe meine Hand aus der Hosentasche, lege sie auf den Tisch und öffne sie. Die Augen meiner Frau weiten sich tellerförmig, und ich erahne aus dem Augenwinkel, dass sie panisch und fast unmerklich den Kopf schüttelt. Zu spät. Ich führe die Mundharmonika zum Mund und spiele – fast fehlerfrei – die erste Strophe von „Mir schenke der Ahl e paar Blömcher" an. Meine Frau atmet wieder. Hey, das klang gar nicht soooo schlecht. Für meinen ersten öffentlichen Auftritt. Muss ja keiner wissen, dass ich genau diese eine Zeile fehlerfrei spielen kann. Und nicht einen Ton mehr. Oh, Mundharmonika, das klingt gut. Dann war es das für heute.

Nach dem Gespräch

Die lieben sieben werden aus dem Raum entlassen und stehen etwas ratlos vor der verschlossenen Tür. Schnell und unauffällig in alle Winde verstreuen mögen wir uns. Damit uns keiner sehe und auch wir keine möglichen weiteren Bewerber. Aber so einfach geht das nicht. Also steuern wir die nächste fußläufig erreichbare Gastwirtschaft an.

Ob wir unauffällig sind, kann ich nicht beurteilen, zumindest bekommen wir von dem, was um uns herum tobt, nichts mit. So stehen wir, vier schicke dunkle Anzugträger mit Flittarder Krawatten und drei Frauen im kleinen Schwarzen inmitten sich aufputschender Fußballfans und starren geistesabwesend vor uns hin, als hätten wir gerade erfahren, dass das Festkomitee beschlossen hat, das Dreigestirn dieses Jahr mit drei Düsseldorfern zu besetzen. Sehr unauffällig. Kaum einer sagt etwas, alle versuchen das Gespräch Revue passieren zu lassen.

Die Meinungen klaffen weit auseinander. Meine Frau ist relativ schnell wieder anwesend und fand es spitzenmäßig, Michi tendiert zu grottenschlecht. Schön, wenn sich die zwei wichtigsten Menschen in deinem Leben so einig sind. Ich fühle gar nichts mehr, außer mich urlaubsreif. Wir haben alles gegeben, mehr an Vorbereitung ging nicht. So verabschieden wir uns für zwei Wochen, denn zu Hause heißt es: Koffer packen für den Urlaub.

Möchtegern-Prinz in spe

Mitten in der Nacht fliegen wir gen Süden. Vor Ort angekommen genießen wir genau das, wovor es mir als Single und Freibeuter die Fußnägel hochkrempelte: Cluburlaub. Genau genommen fahren wir jetzt zum dritten Mal in unser geliebtes Big-Brother-Dorf an der türkischen Riviera unterhalb des türkischen Taurusgebirges.

Vorgenommen habe ich mir, meine Frau gehörig zu verwöhnen und zur Abwechslung ihren Themen wieder etwas mehr Raum in unserer Beziehung einzuräumen, statt ständig an mein Möchtegern-Prinzendasein in spe zu denken. Ersteres gelingt mir vorbildlich – ich serviere jeden Morgen frisch gepressten O-Saft und Omelett mit Blick aufs Meer. Zweiter Vorsatz geht gehörig in die Hose. Zwar lässt sich beim Sandburgenbauen mit Dreijährigen deutlich besser als im Berufsleben vertuschen, wenn die Gedanken fern der Architektur sind, trotzdem bin ich gedanklich jede Minute bei meinen beiden Mitstreitern. Insbesondere Michi macht mir Sorgen, sodass ich mich veranlasst sehe, mehrfach täglich ausgiebig mit ihm zu telefonieren und zu simsen, was die Geduld meiner Frau und meiner Mobilfunkrechnung langsam aber sicher überstrapaziert.

Nachdem wir erneut keine Reaktion auf unser zweites Vorsprechen erhalten und sich die Sorge breit macht, es könne doch nicht gereicht haben, steht für meinen besten Freund fest: „Ich bewerbe mich nicht noch einmal." Denn: Ene echte staatse Boor bewirbt sich kein zweites Mal.

Mir sackt das Herz in die Badehose. Sicher, dieser Arbeitsaufwand, den wir bis jetzt betrieben haben, ist als Selbstständiger schwer zu leisten. Mal ganz abgesehen von der Sorge, das Kleinste möge bald zum Postboten Papa sagen, weil sie den deutlich regelmäßiger zu Gesicht bekommt. Aber war uns das nicht im Vorfeld klar, dass eine so kleine Familiengesellschaft wie die unsere eventuell zwei, drei Anläufe benötigen wird, um sich zu organisieren? Ich rede auf Michi ein wie auf einen störrischen türkischen Hammel. Nix zu machen...

Also gibt es nur diese eine Chance. Eine Chance für meinen Lebenstraum. Vielleicht zerrinnt er gerade jetzt wie der Sand zwischen meinen Fingern. Immerhin kann ich mir nicht vorwerfen, ich hätte ihn nicht mit aller Kraft und Liebe verfolgt. Wir haben alles gegeben.

Die wunderschönen Urlaubstage fliegen dahin, und wir genießen die kostbare Zeit mit unseren Freunden. Aber so ganz bei der Sache bin ich nie... Selbst ein Jahrhundertergebnis wie das 7:1 unserer Fußball-Nationalmannschaft gegen Brasilien schafft es nicht, mich alles vergessen zu lassen. Gedankenverloren hänge ich immer wieder dem Bewerbungsvorgang nach. Wo hätten wir etwas besser machen können...? Doch dann reißt mich ein Anruf vom Festkomitee von meiner schattigen Liege: Wir waren nicht schlecht, aber es gibt Arbeitsbedarf.

Arbeitsbedarf? Was um Himmels willen soll das nur heißen?

Bernd Höft, Stratege des Festkomitees, bietet uns an, unserer Bewerbung ein wenig unter die Arme zu greifen...? Michi wird alles andere als begeistert sein. Was bitte sollen wir noch tun? Mehr geht eigentlich nicht, vielleicht sind wir doch die Falschen für den Job?

Höppe, singe, danze

Kaum haben wir heimischen Boden unter den Füßen, werden erneut Arbeitstreffen einberufen, und wir feilen weiter an unserem Bühnenprogramm. Daran scheint es ja maßgeblich zu hapern. Und auch, wenn ich die gesamten Clubgäste mit meinem Mundharmonikaspiel um ihre wohlverdiente Erholung gebracht habe – von bühnenreif sind wir weit entfernt.

Jens Hermes, tanzende Jungfrau 2013, hilft unseren sechs linken Füßen auf die Spur und amüsiert sich ob unserer Tanzversuche. „Höppe, singe, danze" nennen wir unsere Treffen – und endlich ist es soweit.

Es ist ein Montag.

„Wird nicht so spät", sag ich noch zu meiner Frau, nichtsahnend, dass ich tatsächlich sehr früh wieder heimkehren werde... sehr früh am nächsten Morgen.

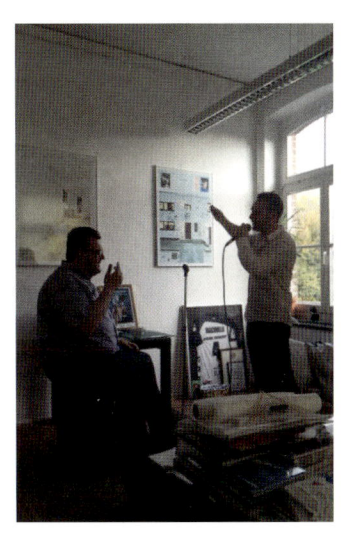

Wir sind's

Überraschung vom Festkomitee

Optimismus ist angesagt: Die würden doch keine weitere Mühe in uns investieren, gäbe es da nicht einen kleinen Funken Hoffnung... oder? Gut gelaunt erreiche ich also den vereinbarten Treffpunkt, und wir wollen gleich an die Arbeit gehen.

„Ich habe mal ein paar Punkte aufgelistet, an denen es für eine gelungene Bewerbung noch zu arbeiten gilt", erklärt Bernd Höft, wie immer bester Laune. „Vorher muss ich noch kurz einen privaten Anruf tätigen", entschuldigt er sich und verlässt den Raum.

Dabei lässt er demonstrativ ein DIN A4 Blatt auf seinem Platz liegen, dessen überdimensional große Schrift uns hätte stutzig machen sollen. Ich fühle mich wie vier und in die Ü-Ei-Werbung versetzt. Sie wissen schon – nimmt er es oder nimmt er es nicht... In mir kämpft die Vernunft mit der Ungeduld. Die Tür ist noch nicht ganz geschlossen, da angelt Michi schon nach dem Zettel.

„Lass das!", mahnt unsere Quotenfrau, „das kannst du doch nicht machen!"

„Ich will wissen, woran wir sind", donnert Michi und überfliegt das Skript.

„Nun sag schon", ich platze fast vor Neugier.

„Die sind ja wohl bekloppt", flucht mein bester Freund und steht so rasant auf, dass der Stuhl zu Boden kippt. Ich überfliege die Aufgabenstellung, für die ein Zeitraum von einer Woche eingeräumt wird:

1. Praktische Vorführung des Bühnenprogramms für eine Herren-, Damen-, Prunk- und Kostümsitzung
2. Begrüßungsansprache an unseren neuen Erzbischof Woelki beim Empfang im Generalvikariat
3. Grußwort des Kölner Dreigestirns zum Pontifikalamt im Hohen Dom zu Köln
4. ... weiter komme ich nicht.

„Ich bin hier raus", poltert Michi. „Die ticken doch nicht sauber! Wir wissen nicht, ob wir das nächste Dreigestirn werden und sollen all das vorbereiten? Ab hier ohne mich", flucht er und greift nach seiner Jacke. Ich springe auf.

„NEIN", schreit es in mir, wir sind so nah dran. Und zeitgleich weiß ich, dass er Recht hat. Aber was soll ich machen? Mich einem 150-Kilo-Mann in den Weg werfen? Der pustet mich um wie der böse Wolf die drei kleinen Dreigestirne.

Wir stehen uns gegenüber, ich habe den Zettel immer noch in der Hand, Sascha steht zwischen uns auf, dann fliegt die Tür auf... und herein kommen die Festkomitee-Vorstandsmitglieder. Sie schieben einen Wagen voller Schnittchen und Sekt vor sich her und... jubeln. Wir stehen da, ertappt, entgeistert, sprachlos und können noch nicht glauben, was uns Festkomitee-Präsident Markus Ritterbach mitteilt: „Herzlichen Glückwunsch, ihr seid unsere Kandidaten für das Dreigestirn der Session 2015."

Freudentränen

Ich sacke auf den Stuhl hinter mir. Ich kann es nicht fassen. Mein Traum wird wahr! Das ist neben den Geburten meiner Kinder das Emotionalste, was ich je erlebt habe. Michi reißt an mir, zieht mich hoch und schüttelt mich. Sascha springt uns ausgelassen jubelnd in die Arme. Das ist unser Traum.

Wahrscheinlich hat sich jedes potentielle Dreigestirn so ausgiebig und intensiv gefreut und alle Festkomitee´ler durchgeknutscht. Da müssen sie durch. Aber in diesem Moment bin ich ganz sicher, dass sich noch nie jemand so über etwas gefreut haben kann wie ich. Eventuell Neil Armstrong, dass er zum Mond fliegen wird, aber dann kann da lange nix mehr kommen. Und was will man schon auf dem einsamen Mond, wenn man Prinz Karneval sein kann? Ich bin ganz sicher, Neil Armstrong hätte getauscht. Mein Herz zerplatzt fast vor Freude.

Ich muss hier kurz raus. Auf den Flur. JA! Ich boxe mit den Fäusten in die Luft. JA! JA! JA! Ich angel nach meinem Telefon, ich muss meine Frau anrufen. Sicher ist sie genauso gerührt wie ich. Ich muss dazu sagen, sie ist ein Muttertierchen, das durch fast nichts aus der Ruhe zu bringen ist: „Schatz, freu dich! Ich bin der Prinz Karneval von Köln 2015."

Stille.

Dann brüllt es durch das Telefon: „Marie hat die neue Tapete bemalt, Grete hat in die Hose gemacht und Frida hat mich von oben bis unten bekotzt – DAS PASST JETZT ÜBERHAUPT NICHT!"

„Aber....du... bist meine Prinzessin", stammle ich in leiser Vorahnung, dass sie mich grad lieber neben Neil Armstrong auf dem Mond sähe.

„ICH PASS ABER IN KEIN KLEID", motzt es lautstark durch den Hörer, bevor die Verbindung jäh unterbrochen wird.

Schluck. Das war wohl etwas viel für sie in letzter Zeit. Bring ich wohl mal wieder Blumen mit. Ich schüttle mich und versuche, mein noch jungfräulich glänzendes, imaginäres Krönchen wieder mittig auf den Kopf zu rücken. Noch etwas benommen trete ich zurück in den Raum voll ausgelassener Gesichter.

„Und, wie hat deine Frau reagiert?", wollen die Umstehenden wissen. „Ähm, sie hat geweint... vor Freude...!", rette ich mich aus der Situation und benötige erstmal ein Kölsch. Der Abend wird lang. Sehr lang, und bald hat mich meine Euphorie wieder fest im Griff, und ich knuddle mich weiter durch das Festkomitee.

Als uns alle Anwesenden und auch der vermeintlich weibliche Teil unseres Dreiergespanns verlassen haben, wandern Michi und ich Arm in Arm über den Ring. Wir wollen diesen einmaligen Abend nicht enden lassen. Der frühe Mittwochmorgen spült uns in die einzige Kneipe, die geöffnet zu haben scheint. Kopf an Kopf schwelgen wir in unseren Träumen. Dabei kann ich mich nicht erinnern, ob wir unsere Gedanken tatsächlich laut formulieren oder uns nur eine schillernde Gedankenblase über unserem Kopf teilen. Wahre Männerfreundschaft braucht keine Worte.

Ich möchte beschwören, dass es bereits dämmert, als wir zum ersten und einzigen Mal Gefahr laufen, als designiertes Dreigestirn von einer anderen Jungfrau unterwandert zu werden. Lautlos ist eine Gestalt auf den freien Platz rechts von mir gerutscht und reiht sich in unser kollektives Schweigen. Dann Blitzlichtgewitter. Aber das ist doch unmöglich, es weiß doch niemand von unserer Mission Mondfahrt. Synchron wandern unsere Köpfe nach rechts und unsere Kinnladen Richtung Boden. Neben uns sitzt – ich schwöre – Conchita Wurst. Sascha, mein Junge, lass´ uns nie wieder im Stich und bring´ uns nie wieder in eine solche Versuchung!

Schweigen ist Dreigestirn

Mit dem dicken Kopf kommt die Angst vor der eigenen Courage. Und die ist groß. Mein Schädel auch. Erklär das einer Dreijährigen, die auf deinem Brustkorb sitzt. Ist das ihr Gewicht oder dieser Geruch, der mir die Luft zum Atmen nimmt: „Mama, was ist das da neben Papas Bett?"

„Mmmm...ich glaub, dem Papa war schlecht", hör ich meine Frau noch sagen, bevor sie den kleinen Klotz von mir entfernt. Oh Gott, ich würde versinken, würde mein überdimensionaler Schädel durch das Loch im Erdboden passen.

„Der Papa kommt gleich", stammle ich und verkrieche mich nochmal unter der Decke. Prinz von Kölle! Ich kann es nicht fassen. Ist das wahr? Ich wusste nicht, dass das so weh tut. Wie erklärt man seiner Umwelt, dass man zwei Tage nach der gewonnenen WM rabenvoll ist? Mitten in der Woche? Und wenn man nicht in die Welt hinausschreien darf: „Ich bin's, euer Prinz von Kölle." Durchgefeiert? Jetzt würde ich mich zum ersten Mal in meiner beruflichen Laufbahn gerne krank melden. Mist, ich bin mein eigener Chef. Und in meinem Terminkalender steht ein verdammt wichtiger Termin. Gut, dass mein Auto den Weg kennt, denn der Geschäftspartner ist zu einem väterlichen Freund geworden. Ich brauch eine Dusche...

Etwas wackelig und mit Sonnenbrille betrete ich das Büro. Liegt das bereits an meiner Aura oder strahlt mein stets besonnener und kontrollierter Geschäftspartner heute etwas mehr als üblich?

„Alles o.k.?", frage ich etwas irritiert.

„Ja. Ich bin gestern Schützenkönig von Bornheim geworden", frohlockt er mir entgegen.

„Und ich bin gestern Karnevalsprinz von Kölle geworden", platzt es aus mir heraus.

Lachend und glückselig fallen wir uns in die Arme. Na spitze, das klappt ja super mit der absoluten Geheimhaltung. Aber es musste einfach einmal aus mir heraus. Und bei meinem guten Freund weiß ich das schönste Geheimnis der Welt bestens aufgehoben.

Er muss nicken

Unser süßes Geheimnis muss gewahrt bleiben bis zur Pressekonferenz, die den Medien und der Öffentlichkeit das neue designierte Dreigestirn präsentiert. Gar nicht so einfach, wenn man niemandem, einschließlich enger Freunde und Familie, von dem erzählen darf, was einen am meisten bewegt. Fast habe ich das Gefühl, als würde ich meine Freunde hintergehen. Hoffentlich nimmt es mir keiner krumm. Wie oft bin ich kurz davor, mich zu verplappern? Selbst innerhalb der eigenen vier Wände müssen wir achtgeben. Die Kinder können ein solches Geheimnis noch nicht für sich behalten, und die Oma vergisst auch nur zuverlässig die Dinge, die sie nicht vergessen soll.

Vorher gilt es aber noch eine große Hürde zu nehmen. Der „Nickabend" steht bevor. Nickabend, das heißt, die vom Festkomitee vorgeschlagenen Kandidaten präsentieren sich im Rahmen eines eigens zu organisierenden Abends dem Kölner Oberbürgermeister, der die drei im optimalen Fall „abnickt", also absegnet. Erst dann gilt man als designiertes Dreigestirn.

Nun klingt das Ganze wie eine respektvolle Formalie, aber tatsächlich, so besagt die Legende, soll einst ein Kandidat nicht abgenickt worden sein. Schließlich übergibt der Oberbürgermeister, wenn auch nur symbolisch, in Form von Pritsche, Stadtschlüssel und Spiegel, die Hoheitsgewalt über die Stadt in der fünften Jahreszeit an das amtierende Dreigestirn.

Mir geht also mal wieder die Düse. Sch.., ist das alles aufregend. Weiß der Oberbürgermeister, dass er meinen Kindheitstraum in seinen Händen hält? Oder soll ich besser sagen in seinem Nicken… äh Nacken? Können wir drei uns als würdig empfehlen, unsere geliebte Stadt während der jecken Zeit zu repräsentieren? Meine Gedanken drehen sich fortan darum, unserem Oberbürgermeister eine sagittale Kopfbewegung zu entlocken. Ich gehe an keiner Taube mehr vorbei, ohne in ihrem Konterfei das Gesicht unseres OBs zu erahnen… aber wie bringen wir ihn nur zum Nicken?

Gedankenverloren folge ich in unserer endlosen 30er Zone einem Mercedes SL, Baujahr vor Christus, Typ umhäkelte Toilettenrolle auf der Hutablage. Ich hätte ihn schon längst versägt, würde hinter mir nicht der Dorfsheriff auf eben dieses Überholmanöver spekulieren. Also starre ich ins Leere und hänge meinen Gedanken nach. Mein Kopf übernimmt langsam aber stetig die Kopfbewegung eines undefinierbaren Objektes auf Augenhöhe.

Ich nicke.... Ich nicke??? Ich stelle scharf: Ein Wackeldackel. Das ist es!

Das Drumherum ist schnell organisiert. Michi baut gerade in einer leerstehenden Location mit Domblick, ein befreundeter Koch wird auf Verschwiegenheit eingeschworen und Mobiliar und Kochutensilien herangeschleppt. Dann dekorieren wir alles mit Kerzen und... 100 Wackeldackeln.

Wetten, der nickt...?

Nun, ganz so easy sehen wir drei das natürlich nicht. Ein Abend mit dem Oberbürgermeister unserer Stadt. Wann trifft man als Normalsterblicher auf solche Persönlichkeiten? Aber unser Oberhäuptling erweist sich aus Fleisch und kölschem Blut und nimmt uns durch seine sympathische Art so manch lähmende Ehrfurcht.

Wir erleben einen interessanten Abend voller charismatischer Menschen und anregender Gespräche. Letzte Überzeugungsarbeit soll ein von uns gedrehtes Nickvideo leisten, auf dem allerlei Persönlichkeiten zu einem echt bekloppten Lied nicken. Bitte mal Freunde, für ein Video zu nicken, ohne erklären zu dürfen, warum sie das tun sollen. Ist das was Politisches? Äh nein. Nur was Verrücktes.

Verrückt kaufen sie uns ab. Und so nicken sie für uns. Pfarrer Meurer, unsere Freunde und Nationalspieler der SG Flensburg Handewitt, Frau Merkel, der Papst... O.k., letztere wissen weniger von ihrem Glück und bejahen mit ihrer zustimmenden Kopfbewegung ungefragt unsere Mission. Aber sie machen viel her. Und unsere Dackel geben alles.

Der Abend wird ein voller Erfolg und... er nickt!

Wir sind das letzte Dreigestirn, das unser geschätzter Oberbürgermeister Jürgen Roters proklamieren wird. Mit Dackel unterm Arm verlässt er unsere illustre Runde. Wir stehen noch lange in der milden Septembernacht über den Dächern unserer schlafenden Stadt und prosten trunken vor Glück unserem geliebten Dom zu: Wir sind dein Dreigestirn der Session 2015!

Der staatseste Boor

Am Abend steht direkt ein erstes Arbeitstreffen mit dem Prinzenführer und dem Protokollchef des Festkomitees an. Geheimer Treffpunkt: Michis Garten. Da findet uns wirklich kein Schw... Mensch, wollt ich sagen. Mir ist es ein Rätsel, wie man so weit draußen wohnen kann. Ruhig isses. Und zugegeben, Michi könnte tagtäglich morgens im Adamskostüm das Badezimmerfenster öffnen und quer übers Feld brüllen: Ich bin der nächste Bauer von Kölle. Keiner würde es hören. Im besten Fall würden sich die Kühe von gegenüber wundern, dass er in Landwirtschaft macht. Hat was. Aber außer Sichtweite des Doms... nee nee.

Es besteht also keinerlei Gefahr, unser geheimes Konsilium könne irgendwie auffliegen, und wir verdrücken in Seelenruhe riesige Steaks vom Grill. Bei Michi is immer gut essen. Dafür bin ich umso aufgeregter, als man uns den ehrwürdigen Hofschneider ankündigt, der die Ornate für das Kölner Dreigestirn fertigt. Da kann es doch schon mal vorkommen, dass man beim Vermessen ein wenig zappelt. Letztlich gelingt es ihm aber, unsere Astralkörper zu vermessen, und ich muss gestehen, dass es mir saugut gefällt, dass er meine Körpermaße unter dem Stichwort „Prinz" notiert. Was in erster Linie daran liegt, dass selbst für ihn unsere Personen inkognito bleiben. Will heißen, der kennt meinen Bauchumfang, aber nicht meinen Namen. Die vom Festkomitee nehmen das ganz schön ernst mit der Verschwiegenheit. Aber daran könnt ich mich glatt gewöhnen: Prinz. Was hat Sascha ein Schwein, dass der immer so heißt. Ob ich da irgendwie kurzfristig einheiraten könnte...?

Nee. Egal. Man kann nicht alles haben. Und ich hab´ des Prinzen rote Schuhe. Ach, bevor ich es vergesse und an alle Boore, die das Gegenteil behaupten – es ist amtlich und vom ehrwürdigen Hofschneider bestätigt: Michi ist der staatseste Boor, den Kölle je gesehen hat.

„Bei Ihnen können wir die Einheitspreise aber nicht halten, Herr Müller", hört er auch, als wir drei losziehen, um uns einen „Drilling" maßanfertigen zu lassen. Einen gleichen Anzug, den es für uns drei natürlich nicht einheitlich von der Stange gibt. Gut, dass der Verkäufer keine Fragen stellt – was sollen wir auch sagen? Wir gehen gemeinsam zur Kommunion? Gar nicht so einfach, so ne staatse Kääl ze sin. Aber saugut, den staatse Kääl als besten Freund zu haben. Und ich wette, er bleibt es. Lebenslänglich.

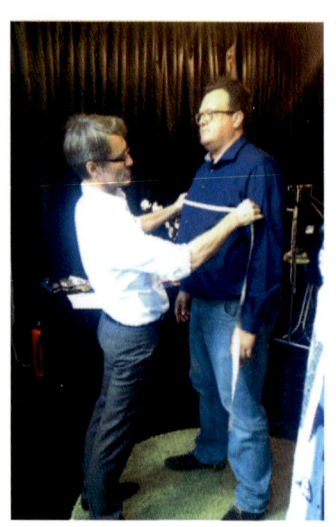

Üben, üben, üben – Meine neue Leidenschaft

Die Wochen vergehen, wir arbeiten hart an unserem Bühnenprogramm und schreiben Rede um Rede. Zu Hause kompensiere ich meine Abwesenheit, indem ich die Famillich mit meinem Mundharmonikaspiel verwöhne. Mein erweitertes Umfeld reagiert erstaunt über mein neues und außergewöhnliches Hobby, errät aber nun immer öfter, welches Lied ich anspiele. Wobei ich mich ab und an frage, ob meine Frau nur irgendeinen kölschen Klassiker ins Blaue schießt, denn so arg viel umfasst mein Repertoire noch nicht.

Auch mach ich mir ein wenig Sorgen um die Hartnäckigkeit ihrer Ohrenentzündung, die sie alleinig mit allerhand Watte in ihren Ohren zu bekämpfen versucht. Während mir das Sprechen vor dem ersten morgendlichen Gang zur Toilette häufig etwas schwerfällt, lässt es sich aber herrlich mit Augenaufschlag direkt losmusizieren. Ich spiele immer und überall. Auf der Toilette, beim Fernsehen, beim Gehen, Autofahren, Telefonieren…. und zum Missfallen meiner Frau auch, wenn sie spricht. Das kann sie gar nicht leiden.

Mein Nachbar, mit dem ich zum Summerjam so manch kühle Nacht durchzeltet habe, ist in letzter Zeit deutlich kälteempfindlich und verlässt auffällig häufig und fluchtartig die Terrasse, wenn ich in der Abendsonne auf der Treppe vorm Haus meinem neuem Hobby fröne.

Und unsere Dreijährige bringt mir die Schutzhülle meines Instrumentes und fordert: „Tu die da rein, Papa!"

Sehr ordentlich, das Kind.

Abends biete ich den Pänz an, ihnen statt Geschichte noch ein Gute-Nacht-Lied zu spielen, aber sie sind in den letzten Wochen ungewöhnlich müde und „müssen dringend schlafen!" Sie werden doch nicht krank werden?

Nur die Oma hört geduldig und immer gerne zu und beteuert, dass mein Musizieren laut genug sei und sie ihr Hörgerät bestimmt nicht brauche, um mich sehr gut verstehen zu können. Na, wenigstens einer weiß meine neue Leidenschaft zu schätzen.

Nicht gesellschaftsfähig

Die Zeit bis zur Pressekonferenz erscheint wie eine gequälte Ewigkeit. Nicht nur, dass wir viel Zeit in der Vorbereitung verlieren, denn wir können vieles nicht einstilen, ohne unseren Masterplan zu verraten. Und es ist so viel zu tun!

Zum Beispiel ist es unmöglich, Leute zu kontaktieren, die uns musikalisch unterstützen können. Die Lieder für unser Medley müssen zusammengeschnitten, die Noten dafür geschrieben werden. Die Prinzenspange muss entworfen werden, eine Standarte gestaltet und gewebt werden. Und, und, und...

Für unsere Außenwelt müssen wir reichlich geistesabwesend wirken. Aber sie schöpft keinen Verdacht, wahrscheinlich schiebt sie unseren Zustand auf den Hausbau und Schlafmangel aufgrund des Babys und dass ich wie immer zu viel arbeite. So nimmt es uns keiner übel, dass wir die Einladungskarte nicht mehr finden können und viel zu spät auf einer Geburtstagsparty auftauchen, auf der alle Gäste in elegantem Weiß und Silber gekleidet sind.

„Na, habt ihr euch abgesprochen?", rufe ich unbedacht in eine Gruppe und geselle mich zu ihnen an den Tisch.

„Ne, Scherzkeks, is ja Mottoparty, Silber-Weiß. Ganz Rath munkelt doch seit Wochen über die Kleiderfrage für den heutigen Abend. Nix mitgekriegt?"

Oh, ähä. Nee... Jetzt fällt es uns plötzlich auf, dass wir die einzigen sind, die sich in Quietschefarben durch die Menge schieben. Mist. Ävver wat wellste maache, und der Kölner ist ja tolerant. Also sitzen wir zusammen mit unseren Freunden, ihres Zeichens Vollblutkarnevalisten, und genießen einen lauen Sommerabend, als plötzlich die Diskussion am Tisch losbricht.

„Gibt es dieses Jahr eigentlich kein Dreigestirn? Um die Zeit ist die Pressemitteilung doch längst raus. Habt ihr was gehört?" Ich laufe in Kontrastfarbe zu meinem T-Shirt an und bin sicher, dass mich meine rote Birne gleich verraten muss.

„Die Kandidaten stehen fest", weiß ein Prinzen-Gardist. Meine Frau verschluckt sich an ihrer Weinschorle, prustet sie über ihr Sommerkleid und entschuldigt sich hastig zur Toilette. Ich wage kaum zu atmen und bete inständig, dass mich niemand zu meinem Wissensstand befragt.

„Ich bin ganz sicher, die Kölnische von 1945 stellt das Dreigestirn, die haben ein dickes Jubiläum", mutmaßt ein anderer.

Die Diskussion am Tisch nimmt ihren Lauf, und ich rutsche immer tiefer in meinen Stuhl. Oh je. Das fühlt sich gar nicht gut an, und ich habe das schlechte Gefühl, sie zu hintergehen. Die Gastgeber trommeln alle zu einer Videopräsentation zusammen. Die Anwesenden haben einen kleinen Videobeitrag eingesandt, nur wir haben es trotz guter Vorsätze – natürlich – nicht geschafft. Verdammt, wir sind einfach nicht gesellschaftsfähig im Moment. Die ausgelassene Schar beginnt zu tanzen. Mir ist gar nicht danach zu Mute. Das Gute ist, ich entdecke meine farbenfrohe Frau augenblicklich in der weiß-silbrigen Masse, und sie versteht mich auch ohne Worte.

„Wir schaffen das", sagt sie. Und ohne uns zu verabschieden – ich hasse das, wenn jemand einfach so geht, ohne tschüss zu sagen – müde und etwas beschämt, wandern wir schweigend und Hand in Hand heimwärts.

Emsiges Treiben

Mein Vater bastelt bereits an unserem Dreigestirnsmotto, denn es ist gute alte Tradition, dass ein Dreigestirn sein eigenes Motto hat. Er verbringt seinen jährlichen Toscana-Urlaub. Und bevor ihn die Langeweile überkommt, soll er doch lieber an unserem Motto tüfteln.

Wir geben ihm ein paar Randinformationen: Freundschaft, unsere „gute Sache" und natürlich die Liebe zu unserer schönen Stadt. Innerhalb kürzester Zeit erreichen uns diverse Vorschläge. Puh, ist der tiefenentspannt. Ich glaub, da muss ich auch mal hin. Am Ende entscheiden wir uns für: „Echte Fründe dat sin meer, Minsche ze helfe ess uns en Ihr. Immer un iwich si´mer jot drop, hann dobei uns leev Kölle em Kopp!"...

Diesen Spruch werden wir, dem Protokoll Folge leistend, am Ende eines jeden Auftritts herunterbeten. Ja, das passt zu uns. Und mein Papa ist immer für ´nen guten Spruch zu haben.

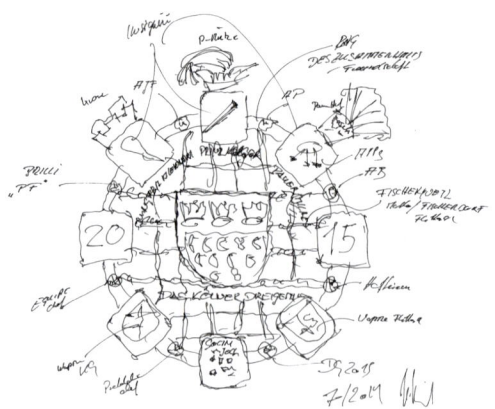

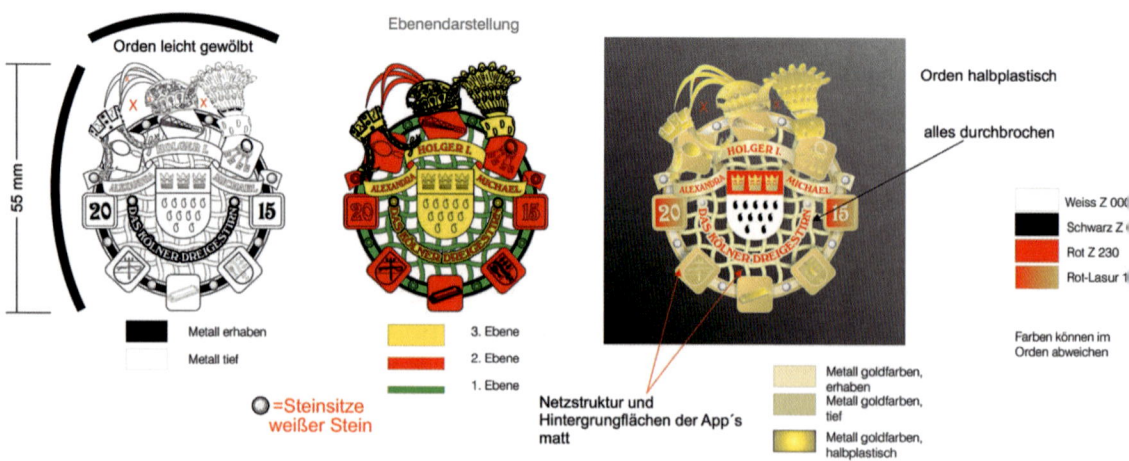

Ebenendarstellung

Orden leicht gewölbt

55 mm

Metall erhaben

Metall tief

◉ =Steinsitze
weißer Stein

x = durchbrochen
(soweit technisch umsetzbar)

3. Ebene
2. Ebene
1. Ebene

Netzstruktur und
Hintergrungflächen der App´s
matt

Orden halbplastisch

alles durchbrochen

Metall goldfarben,
erhaben
Metall goldfarben,
tief
Metall goldfarben,
halbplastisch

Weiss Z 00(
Schwarz Z (
Rot Z 230
Rot-Lasur 1

Farben können im
Orden abweichen

Dieses Zur-Untätigkeit-verdammt-Sein macht mich wahnsinnig, also fange ich an, einen Entwurf für die Prinzenspange zu zeichnen – im engen Austausch mit Sascha und Michi, versteht sich. Unsere Namen sollen selbstverständlich darauf, die Jahreszahl, Flittard soll auftauchen und natürlich das Motto – „Social jeck, kunterbunt vernetzt". Also irgendwas mit einem Netz. Nach ein paar Versuchen entsteht ein Entwurf, mit dem wir zu einem Ordenshersteller gehen wollen – wenn es denn endlich soweit ist.

Wir sind Dreigestirn

Die Zeit kriecht also dahin. Das Festkomitee hat derweil alle Hände voll zu tun, die Namen der künftigen Kölner Narrenherrscher bis zur offiziellen Vorstellung vor den Medien geheim zu halten. Bei uns dreien fällt das wohl nicht schwer, denn niemand rechnet auch nur im Geringsten mit Flittard. Am wenigsten wohl unsere Flittis selbst.

Die Presse wird langsam nervös und erklärt bereits eine ruhmreiche Traditionsgesellschaft für die Auserwählten. Mir erscheint mein Glück gerade so unfassbar, dass mich angesichts dieser Falschmeldung die Angst beschleicht und ich zum Hörer greife: „Was, wenn die uns veräppeln und wir es gar nicht sind?"

„Du tickst doch nicht sauber, mal Häuser!" – Michi wirft den Hörer auf. Leichter gesagt als getan. Ich bin zu nichts mehr zu gebrauchen. Ein wenig mulmig wird mir auch bei dem Gedanken, dass unsere Gesellschaft von unseren großspurigen Plänen erfährt. Wie werden sie darauf reagieren? Stehen sie zu uns? Oder jagen sie uns aus der Narrenburg angesichts dieser Mammutaufgabe?

Eine konstruierte Mitgliedervollversammlung wird einberufen. Schließlich sollen es die Mitglieder nicht aus der Zeitung erfahren, sondern einen Abend vorher informiert werden. Die Gerüchteküche im Dorf kocht über. Wenn die wüssten!

So sitzen wir drei am Abend vor unserer ersten großen Pressekonferenz in der zum Bersten gefüllten Narrenburg und können nur hoffen, dass niemand bemerkt, wie unruhig wir auf unseren Stühlen umherrutschen. Man warte noch auf eine Person aus dem Festkomitee, die Hilfe versprochen hat. Damit ist klar: Es

steht schlecht um den Fortbestand unserer Gesellschaft. Niemand im Saal kann wissen, dass sich der Redeschwall unseres Präsidenten diesmal nicht in seiner Unterhaltsamkeit begründet, sondern damit, dass die Fahrzeuge des Festkomitees versuchen, einen vorwitzigen Bild-Reporter abzuhängen. So habe ich schon x-Mal alle Szenarien einer möglichen Reaktion auf unser Vorhaben gedanklich durchgespielt, von frenetischem Jubel bis hin zum Fußtritt aus dem Fenster. Und so kalkuliere ich gerade die mögliche Überlebenschance aus fünf Metern Fallhöhe, als sich endlich die Tür des Versammlungsraumes öffnet.

Aus dem Nebel heraus tritt theatralisch, nicht, wie angekündigt eine Person, sondern gleich der gesamte Vorstand des Festkomitees. Na gut, vielleicht handelt es sich bei dem Trommelwirbel nur um das nervöse Klopfen meiner Fingerknöchel auf der Tischplatte, und der Nebel ist weniger Nebel als die Unsitte, dass in der geschlossenen Veranstaltung gequarzt wird, als gäbe es kein Morgen mehr. Auch dem letzten Jeck im Raum ist klar, dass sich hier dramatische Szenen abspielen. Man kann eine Stecknadel fallen hören. Der Präsident des Festkomitees persönlich ergreift das Wort und überbringt der Flittarder KG von 1934 e.V. eine Kunde, mit der niemand im Saal, einschließlich uns, je gerechnet hätte:

„Ihr seid Dreigestirn!"

Und dann höre ich es offiziell und zum ersten Mal: „Ich darf vorstellen: Der designierte Bauer der Session 2015, Bauer Michael, Michael Müller, die designierte Kölner Jungfrau Alexandra , Sascha Prinz und (ich kneife mich so fest, dass die rote Stelle auf meiner Haut noch am nächsten Morgen zu sehen ist) der designierte Prinz Karneval von Köln, Holger Kirsch."

Stille.

Ich halte die Luft an.

Und dann bricht er los. Tosender Jubel, Applaus, Gejohle. Die Flittis rasten aus. Alle liegen sich in den Armen. Jeder will uns umarmen. Die Ömchen weinen. Michi packt mich und wirft mich über seine Schultern, und ich finde mich kurze Zeit später auf dem Tisch wieder. Ein paar Worte sollen her. Ich weiß nicht mehr, was ich verzälle, aber jetzt heulen noch ein paar mehr. Und ich finde mich mitten drin in meinem Kindheitstraum, und er nimmt rasant Fahrt auf...

Begegnung mit der Pressemeute

Auch wenn es schwerfällt, ich zwinge mich, mich dem Freudentaumel weitgehend frühzeitig zu entziehen. Denn am nächsten Tag ist es soweit: Pressekonferenz. Mir geht die Düse. Während Michi in gewohnt stoischer Ruhe am Tisch sitzt und Sascha positive Wellen durch den Aufenthaltsraum des Karnevalsmuseums sendet, ziehe ich wie ein Gepard mit pathologischen Anzeichen von Hospitalismus im Endstadium eine Furche in den Teppich.

„Nu setz dich doch mal. Du machst uns ganz kirre", schimpft Michi.

Geht nicht. Unten wartet eine Meute Journalisten. Mit Kameras bewaffnet. Auf uns. Man muss sich das vorstellen. Gestern, ach was sage ich, eben, hat sich niemand für uns interessiert und jetzt sollen wir vor die Kameras treten und eine Pressekonferenz halten.

Mir wird das erst so richtig bewusst, als eine Horde Journalisten versucht, uns im Pullman Hotel, der Herberge des Dreigestirns, aufzulauern. Denn auch der Presse ist bekannt, dass es Usus ist, sich als designiertes Dreigestirn zunächst seinem Herbergsvater vorzustellen, bevor es an die Öffentlichkeit tritt. Aber wir schlüpfen durch den Hinterausgang und entkommen ungesehen.

Spätestens als mir meine Frau schreibt: „Das ganze Büro liegt lahm. Wir sitzen alle vorm PC und verfolgen den Liveticker vom Express", geht mir der Arsch auf Grundeis. Ich kann nicht abwarten, dass sich die Seite in meinem Handy aufbaut. Irgendeinen virtuellen Maulwurf gibt es also doch immer.

„Viktoria-Vize wird Prinz von Kölle", tickert als Schlagzeile über mein Display. Sch..., ich bin's doch nur, euer Holgi. Oh Mann, ich hasse es, wenn mich meine Frau so nennt. Aber jetzt fühl ich mich genauso. Dafür läuft mein Handy gerade Amok, und einige Freunde können nicht verstehen, dass wir sie nicht eingeweiht haben. Es tut mir leid. Ich schalte mein Handy aus. Jetzt konzentrieren. Durchatmen...

Wir klettern in den Bauch eines Holzschiffes, das unsere karnevalistische Heimat und das ehemalige Fischerdorf Flittard symbolisieren soll. Und dann wird die Horde Journalisten auf uns losgelassen...

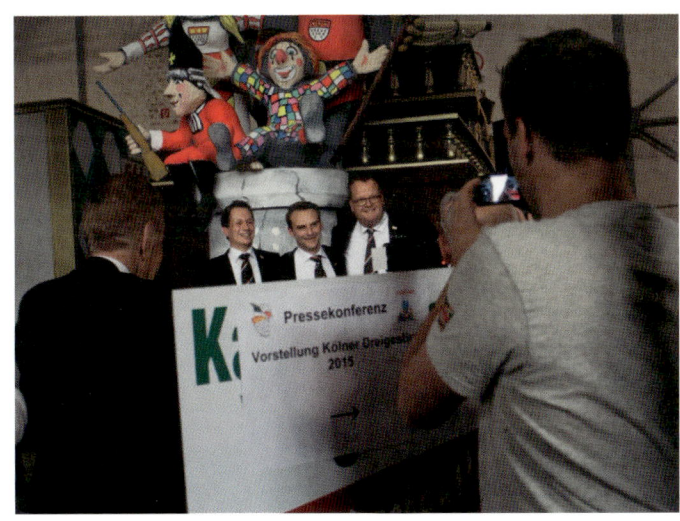

Die Pressekonferenz verläuft gut, sehr gut. Die Kameras lieben unsere Jungfrau, und ich erzähle von meinem Strumpfhosentrauma. Michi macht sich mit der Behauptung, der Bochumer könne keinen Karneval feiern, zwar etwas unbeliebt in seiner alten Heimat, aber die Kölner Presse scheint uns gut gesonnen. Anschließend treffen wir mit unseren Familien und den Flittis auf ein paar ungezählte Kölsch im Marienbildchen zusammen, und die erste Anspannung fällt langsam von uns ab.

Die roten Schuhe

Nichts kann mich am nächsten Morgen davon abhalten, das zu tun, wovon ich seit meiner Kindheit träume: Ich kaufe mir die roten Schuhe. Dazu suche ich ein Orthopädisches Schuhgeschäft in Rodenkirchen auf, das genau einmal im Jahr rote Schuhe aufmisst.

Die „designierte Jungfrau Alexandra" begleitet mich, denn schließlich verstehen Frauen ja was vom Schuhe kaufen. Und ich möchte behaupten, dass noch nie ein Mann so stolz rote Schuhe mit weißen Schleifchen und goldener Spange bestellt hat wie ich. Ab heute begleitet uns ein Filmteam. Dass ich die Ladentür des Orthopädiegeschäftes etwas zu kraftvoll aufreiße und brülle: „Ich möchte die roten Schuhe bestellen", liegt aber weniger am Fremdkörper Kamera als an der Tatsache, dass ich es einfach nicht mehr abwarten kann. Die Dame im Geschäft schmunzelt und greift zum Hörer: „Hier ist ein junger Herr, der möchte die roten Schuhe, der Karnevalsprinz."

Hätte ich keine Ohren, würde ich im Kreis grinsen. Im Anschluss filmt das Team, wie unsere Füße vermessen werden, und ich bete inständig, dass die Löcher in den Socken, die ich im Morgengrauen auf Zehenspitzen schleichend aus der Schublade geangelt habe, längst von Oma gestopft wurden. Aber auf die Oma ist Verlass. Nach Fridas Geburt balanciere ich einen ganzen Wäscheberg durch den Garten, darunter auch meine heißgeliebte Designer-Jeans, um ihn tags darauf säuberlich gewaschen, gestärkt und gebügelt zurückzubekommen. Und die Designer-Löcher in meiner Designer-Jeans sind ebenso fein säuberlich geflickt wie meine Socken.

Talentschmiede

Die Zeit bis zu unserem ersten großen Auftritt fliegt nur so dahin. Fast täglich treffen wir uns nach der Arbeit oder kommunizieren auf allen Kanälen zur Vorbereitung auf unsere Session.

Außerdem können wir endlich damit beginnen, unser Bühnenprogramm anzugehen. Wir haben viele Ideen. Zentrum unserer Überlegungen bildet ein Medley. Ein Medley aus Liedern, die jeder kennt, mitsingen kann und die darüber hinaus passend zum Sessionsmotto sind.

Wir wählen Lieder die allesamt dieses unbeschreibliche Gefühl aus Großzügigkeit („Mer schenke der Ahl e paar Blömcher"), Zusammenhalt („Drink doch eine met"), Heimatverbundenheit („Do bes Kölle") und Gastfreundschaft („Stammbaum-Leed") in unserer geliebten Stadt beschreiben.

Nun benötigen wir professionelle Hilfe. Marcus Gottschalk, Lieblingsprinz meiner Frau und Protokollchef des Festkomitees, vermittelt uns an den Berufsmusiker Kalle Nonn. Der stellt hohe Ansprüche an uns – denn ein Kölner Dreigestirn darf sich nicht blamieren. Der erfahrene Posaunist bringt unsere Liedauswahl in eine spannende Reihenfolge, baut Mundharmonika-Soli ein und schreibt nächtelang Noten für die Orchester in den Sälen. Und er verpasst unserem Medley ein Intro. So wird der „Junge mit der Mundharmonika" kurzerhand in „Der Prinz mit der Mundharmonika" umgedichtet.

Von nun an verbringen wir ungezählte Stunden in seinem wunderschönen Kellerstudio. Irgendwann ist es soweit. Wir treffen uns, um Gesangspassagen und Mundharmonika-Soli für die Playback-CD einzuüben. Schon nach den ersten Strophen unterbricht er uns: „Jungs, das funktioniert so nicht. Der Bauer – Spitze. Prinz und Jungfrau – mittel-schwere Katastrophe. Ihr braucht dringend professionelle Hilfe."

Hallo? Wie meint der das jetzt? Meine Frau ist ja schon lange der Auffassung, dass ich nen Psychiater bräuchte, aber, dass der jetzt auch damit anfängt...?

Wortlos überreicht er uns eine Visitenkarte.

„Meldet euch da. Wenn ihr nicht wollt, dass die Gäste fluchtartig den Saal verlassen, braucht ihr dringend einen Vocal-Coach."

Vocal-Coach? Michi grinst uns breit und triumphierend an. Das nimmt langsam Ausmaße an. Aber gut, was tut man nicht alles, um seinen Traum zu verwirklichen.

Also finden wir drei uns am nächsten Tag in besagter Talentschmiede wieder. Hier werden sie also geschliffen, die kleinen Helene Fischers von morgen. Michi hat auf wundersame Weise Platz in seinem sonst so eng gestrickten Terminkalender geschaffen und begleitet uns zwei Versager gönnerhaft. Wahrscheinlich hofft unser kleiner Pavarotti, Dieter Bohlen könne persönlich vorbeischauen und er noch entdeckt werden. Na, dann mal los.

Die Gesangslehrerin ist mir sofort sympathisch, und ich fasse Vertrauen. Michi schmettert als Erster los und performt das für ihn eigens komponierte Lied „Wenn ich ne kölsche Jung wör". Ein rockiger Song über einen Imi, von Patrick Lück ihm geradewegs auf den Leib geschnitten. Und Michi rockt das Tonstudio.

Dann bin ich an der Reihe. Die Musiklehrerin spielt einen Ton auf dem Klavier an. „Versuch mal, den Ton nachzusingen."

„Äh, was? Ich kann nicht einmal Noten lesen", entgegne ich hilflos. Aber sie führt Sascha und mich langsam und behutsam daran, Vertrauen in unsere eigene Stimme zu entwickeln.

In jeder freien Minute trällere ich ab sofort ihre Stimmübungen rauf und runter, vorzugsweise beim Fahren. Da hört mich wenigstens keiner. Außerdem hupen fortan ständig Autos hinter mir, weil ich über meine Atemübungen vergesse, dass die Ampel auf Grün schaltet. Das ist aber wirklich schwer. Richtig atmen, meine ich. Da denken Sie 40 Jahre, Sie hätten die Sauerstoffaufnahme so perfektioniert, dass sie völlig automatisiert abläuft, und dann ist das plötzlich alles falsch.

Nun, der Gesangsunterricht macht wahrhaft keine Popstarkandidaten aus uns, aber wir verbessern uns Stunde um Stunde und deutlich hörbar. Es reicht aus, um Wochen später ein echtes Tonstudio zu betreten und die Playback-Aufnahme für die CD einzusingen. Es ist aufregend, arbeitsintensiv, und wir lachen unendlich viel. In den Bauch, versteht sich. Und auch unsere Lehrer sind zufrieden mit ihren Schützlingen.

11.11. – Et jeiht loss

Der Elfte im Elften

Derweil meistert meine Frau den Umzug in unser neues Haus, und wir schulen unser kleines, großes Mariechen ein. Und dann ist es soweit: Der 11.11.2014 steht bevor – ein Tag Karneval mitten im Herbst. Von null auf hundert und wieder zurück. Oder vielleicht besser auf hundertzwanzig...

6 Uhr: Den Wecker hätte ich mir auch sparen können.

6.15 Uhr: Ich trete aus der Dusche und schlüpfe in die zwischen die Umzugskartons fein säuberlich vorbereiteten Klamotten. Der Blick aus dem Fenster verrät: regnerisch und kalt. Brrr!

6.30 Uhr: Kaffee. Wir überfliegen die Familienportraits, die die Presse heute über uns veröffentlicht.

7 Uhr: Bremsen quietschen vor unserem Haus. Wir steigen zu Michi und seiner Frau Carola in den Wagen, und ab geht´s. In einer Stunde treffen wir Festkomitee und Adjutantur im Café Reichard am Dom. Wir sind gut in der Zeit.

7.05 Uhr: STAU

7.10 Uhr: STAU STAU STAU

7.15 Uhr: Radio Köln berichtet, dass sich die Jecken auf dem Alter Markt versammeln. Wir stehen... im STAU!

7.20 Uhr: Im Radio ertönt ein kurzes Interview mit uns, das gestern aufgezeichnet wurde. Ich höre Sascha sagen, „wie sehr wir uns auf den Heumarkt freuen." Bloß dass wir da niemals ankommen werden!

7.25 Uhr: Hallo? Gibt es keinen Helikopter, der uns hier irgendwie rausholt?

7.30 Uhr: Während ich mich mit geschlossenen Augen gegen den Vordersitz lehne, arbeitet sich Carola heimlich, still und leise auf die äußere Spur vor.

7.35 Uhr: Plötzlich schießt Michis Frau und wahrscheinlich Reinkarnation von Ayrton Senna auf den Standstreifen. Von null auf 120 Kilometer. Michi ist diese Art Manöver anscheinend gewöhnt und sitzt stoisch wie ein Fels in der Brandung.

„Sie reitet wieder los", kommentiert er unberührt. Meine Frau und ich greifen erschrocken nach den Handgriffen über uns. Erst jetzt fällt mir auf, dass Michi immer so sitzt – Hand am Griff über sich. Wahrscheinlich ist er einfach für alle Eventualitäten gewappnet. Carola beschleunigt und rast an der Blechkarawane vorbei auf die nächste Ausfahrt zu.

7.40 Uhr: Ich dachte ernsthaft, alle nur erdenklichen Schleichwege in Köln zu kennen. Aber Carola steuert uns in einem Affentempo durch den Verkehr. Sie wechselt die Spur, findet die Lücken, nimmt Seitenstraßen und fliegt unbeirrt unserem Ziel entgegen.

7.45 Uhr: Meine Frau wechselt zum dritten Mal die Farbe, aber heute sind mir alle Mittel recht.

7.57 Uhr: Ein letzter (und verbotener) U-Turn und der Wagen kommt mit quietschenden Reifen vor der Parkhausschranke der Domtiefgarage zum Stehen.

8 Uhr: Wir sind unfassbar pünktlich. Mit Sträußen beladen, als hätten wir unterwegs noch einen Blumengroßhandel ausgeraubt, stehen wir vier im Café. Die Sträuße hat meine Mutter in nächtlicher Arbeit gebunden.
Sascha und seine Frau Diane treffen aus entgegengesetzter Richtung zeitgleich mit uns ein, ansonsten können wir nur vereinzelt einige Vorstandsmitglieder vom Festkomitee entdecken, die gemütlich am Kaffee nippen. Nach und nach trudeln tiefenentspannt alle anderen „Verdächtigen" ein und entschuldigen sich ob des dichten Verkehrs der Verspätung.

8.30 Uhr: Alle frühstücken genüsslich und sind bester Laune. Wir blättern nur nervös in den Zeitungen und bekommen keinen Bissen runter. Und wenn es unserem Bauern den Appetit verschlägt, dann soll das was heißen. Dafür freut er sich über die 111 Kilo, die ihm der EXPRESS attestiert. „Die hatte ich zuletzt bei Geburt", witzelt unser großer Freund.

9 Uhr: Der jecke Tross setzt sich in Bewegung. Wir laufen gegen den Strom von kostümierten Menschen, die aus dem Hauptbahnhof Richtung Alter Markt streben. Ob sie sich wundern ob der seltsamen Anzugträger in Gegenrichtung? Die eingefleischten Karnevalisten unter ihnen erkennen uns, einige bitten um ein Foto. Ein Ömchen sitzt auf einem Mauervorsprung am Hauptportal. Auf wen sie wohl wartet?

9.03 Uhr: Wir betreten den Dom und genießen die Stille, die uns umhüllt. Wir zünden ein Kerzchen an, setzen uns einen Moment und halten uns bei den Händen. Ob wir alle das gleiche Gebet sprechen? Möge der Tag gut verlaufen. Danke, dass ich das mit meinen besten Freunden erleben darf. Und vielleicht doch ein klitzekleines bisschen Sonne?

9.15 Uhr: Aufbruch zum Rathaus. Es hat aufgehört zu regnen. Der Schritt ist schnell, die Frauen haben etwas Mühe, auf den hohen Schuhen das Tempo zu halten. Wir bleiben eng zusammen. Also heißt es: dranbleiben.

9.30 Uhr: Wir betreten das Rathaus. Und am Eingang empfangen uns: unsere Flittarder. Eine schnelle Umarmung, ein Schulter klopfen, Mut tanken.

9.35 Uhr: Wir betreten den historischen Ratssaal der Stadt Köln. Der Raum strahlt Ehrfurcht aus. Der Oberbürgermeister tritt ein. O.k., jetzt wird es ernst. Eine kurze Begrüßung, eine kurze Ansprache, schließlich sei er durch uns auf den Hund – äh Dackel – gekommen. Es hat fast etwas Väterliches, wie unser OB neben uns sitzt. Und er schreibt eine kleine Widmung in unsere Verträge. Und jetzt unterzeichne ich den Vertrag, der alles besiegelt, meinen Kindheitstraum. Hier steht es Schwarz auf Weiß: Karnevalsprinz von Köln.

Wir umarmen uns und stoßen an. Die Stimmung ist feierlich. Die Festkomitee-Vorstandsmitglieder stehen in einer langen Reihe, alle vernetzen ihre Mottoschals mithilfe kleiner, eingearbeiteter Druckknöpfe miteinander: Social jeck, kunterbunt vernetzt. Wir wären soweit.

10 Uhr: Im Hansasaal warten hochrangige, geladene Gäste und die Vertreter der Kölner Medien auf uns. Unsere Rede kommt gut an... und ich werde langsam warm.

10.30 Uhr: Der Prinzenführer gibt das Zeichen zum Aufbruch. Die Straßen sind voller Menschen, und die Adjutantur schleust uns durch eine eng zusammenstehende, bunte Menschenmenge.

10.45 Uhr: Der Alter Markt. Wir erreichen den abgesperrten Bereich.

10.50 Uhr: Wir stehen inmitten unseres Flittarder Tanzcorps „Echte Fründe". Vertraute Gesichter. Wie machen die das nur? Sie sind einfach immer zur richtigen Zeit am richtigen Ort. Die Stimmung vor der Bühne ist gut, noch ein paar Minuten bis zu unserem Auftritt.

10.55 Uhr: Der Bühnenverantwortliche bekommt Schnappatmung, da unser Tanzcorps mit gleich 45 Pänz angerückt ist. Er befürchtet, eins könne seitlich von der Bühne purzeln. So sin se, unsere Flittarder. Ganz oder gar nicht. Aber wir bestehen darauf, alle mit auf die Bühne zu nehmen. Das passt schon.

11 Uhr: 11 Minuten bis zum Auftritt. Da stehen ganz schön viele vor der Bühne.

11.05 Uhr: Sigi Krebs, die Pressesprecherin des Festkomitees, tritt zu uns. Bei unserer Bewerbung bilde ich mir ein, sie um den Finger gewickelt zu haben. Jetzt ist sie es, die mir den Schal ordentlich um den Hals wickelt. Sie schaut uns ganz genau auf die Finger – aber sie gibt mir sehr viel Sicherheit, und ihre Geste hat etwas Mütterliches. Sie bindet mir den Schal: „Du schaffst das, Junge." Ja, ich will jetzt auf die Bühne!

11.11 Uhr: „Es grüßt euch bei strahlendem Sonnenschein euer designiertes Dreigestirn der Session 2015."

Also, so steht es auf meiner Karteikarte, da halt ich doch mal fest an meinem Text. Die Menge lacht. Ist das unfassbar geil hier oben zu stehen. Ich muss mich konzentrieren! Es ist so wundervoll hier, die Stimmung, die bunt verkleideten Jecken. Doch ein paar verwechseln das – und ziehen unser vaterstädtisches Fest in den Dreck. Ich schmeiße den sauber auswendig gelernten „Eitel Sonnenschein"-Text auf meiner Karteikarte über den Haufen und sage, was mir gerade in den Kopf kommt: „Unser wundervolles Brauchtumsfest ist mehr als Saufen in bunten Klamotten. Passt ein bisschen auf euch auf!"

Erleichtert stelle ich fest, dass die Menge den Appell positiv aufnimmt, vielleicht spreche ich vielen aus der Seele. Und dann tue ich es wahrhaftig zum ersten Mal, ich tanze zu „Schmucker Prinz" von Fritz Weber über die Bühne auf dem Heumarkt.

Dann ist Michi an der Reihe, und ich übertreibe nicht, wenn ich sage: Er rockt die Bühne. Die Presse feiert ihn am nächsten Tag als den „Power-Bauer". Michi hämmert im Seitwärtsgalopp über die Holzbohlen, und die Menge klinkt aus. Ja, schaut her, das ist mein großer Freund.

Sascha komplettiert grazil winkend und tanzend unseren Auftritt. JA! Wir packen das! Und eins schreib ich mir für die kommende Session hinter die Ohren: Der Karnevalist ist überhaupt nicht oberflächlich und will nicht nur schöngefärbtes Blabla.

Unsere Flittarder Pänz geben übrigens ein so schönes Bühnenbild ab, dass sie gleich noch für die nächste Nummer stehen bleiben. Und dann lugt ganz zaghaft... die Sonne hervor.

Danach fühle ich mich wie Superman und Batman in einem, und ich könnte schwören, ich schwebe Minimum drei Zentimeter über dem Boden. Die nächsten Termine folgen im Halbstundentakt und bieten einen Querschnitt durch den traditionellen Karneval. Elf Termine stehen an, aber wenn man den Heumarkt bezwungen hat, dann kann – gefühlt – nichts mehr passieren. Weit gefehlt. Schon der nächste Termin haut uns emotional wieder aus den Socken:

Wir stehen auf der Bühne im Gürzenich bei den „Kleinen Erdmännchen". Bei denen kann jeder Präsident werden – für einen karitativen Zweck. Und für 50 Euro. Solange, bis der Nächste eintritt und die Position einnimmt. Ich bin natürlich vorbereitet und ziehe einen zerknitterten Schein aus meiner Anzughose.

Und dann bittet uns der Präsident, die Augen zu schließen und sie bei drei wieder zu öffnen: Jeder im Saal formt aus seinen Händen ein Herz vor seiner Brust und streckt es uns entgegen.

Schluck.

Wir sind sprachlos. Und ergriffen. Das ist so sehr ein Synonym für die Kölner. Sie lieben ihr Dreigestirn. Das tut gerade einfach saugut. Es macht uns Mut und auch ein wenig Angst. Aber wir haben nicht vor euch zu enttäuschen. Wir werden alles geben. Danke für eure Sympathie und eure Kraft, die ihr uns gebt. Und jetzt weiß ich endlich, warum Erdmännchen meine Lieblingstiere sind.

„Oh je", seufzt meine Frau und tauscht einen Schwung Karteikarten mit mir, „wie krieg ich dich bloß je wieder runter von diesem hohen Ross?" Aber das sollte sich ganz von alleine regeln...

Wir absolvieren Termin um Termin. Zum Abschluss nehmen wir einen Absacker in unserer zukünftigen „Herberge" und lassen die unfassbaren Erlebnisse dieses ersten Tages Revue passieren.

Unsere Mexikölnerin

Am Abend liegen wir erschöpft, aber glücklich in unserem Bett – und finden Zeit, darüber nachzudenken, was morgen passieren wird: Unser Au-pair-Mädchen Viviane Estefania Lopez Bojorquez reist aus Mexiko an. In unserer Euphorie vom Vortag beschreiben wir ihr den Kölner Karneval in den schillerndsten Farben und verpassen ihr drei Tage später einen gehörigen Kulturschock: Wir schleppen sie mit nach Flittard, zum Ordensabend.

Na gut, der ist jetzt nicht unbedingt das absolute Highlight der Session. Alle sitzen gemütlich beisammen, bestaunen den neuen Orden der kommenden Session, werfen Erbensuppe kauend den rechten Arm zu den Ausschweifungen unseres Präsidenten in die Luft und brüllen „ALAAF". Der Abend ist eher unspektakulär, und unser Au-pair sichtlich geschockt. Das ist Karneval?

Aber schon nach wenigen Wochen ist sie vollends vom Karnevalsgen infiziert, bastelt sich zwei Kostüme, schminkt die Kinder im Akkord und twittert „Home is where the Dom is". Meine Frau erwischt sie, wie ihr Arm bei Karnevalssitzungen im Fernsehen auf unserem Sofa reflexartig zum „Alaaf" in die Höhe schnellt, und versichert ihr, dass das selbst in unserem jecken Haushalt nicht nötig ist. Sowieso wird sie binnen einer Woche zum festen Bestandteil unserer Familie, die Kinder vergöttern sie. Und unsere Mexikölnerin ist vollends karnevalisiert.

Der Rest des Jahres: Jahresendzeitstimmung
Ein Prinz kann auch Christkind

Während Weihnachten in unserer Familie traditionell eine große Bedeutung einnimmt, fliegt es in diesem Jahr nur schemenhaft an mir vorbei. Dabei sind meine Frau und ich Weihnachtsjunkies. Spätestens seit der Geburt der Pänz ist er wieder da, der Weihnachtszauber – und ich glaube wieder fest an die Existenz des Christkindes. Zumindest an das aus dem Sauerland. Ich spreche da aus etwas schmerzhafter Erfahrung.

Am 24. Dezember jedes Jahres packen wir unser Auto bis unters Dach voller liebevoll verpackter Geschenke und fahren zur Famillich meiner Frau. Und die ist groß, sehr groß sogar. Ich möchte behaupten, ihr Stammbaum ist ein Kreis und ihr Geburtsname füllt Minimum die Hälfte aller Telefonbuchseiten.

Die Kerzen am Christbaum brennen, und dann ist es so weit: Bescherung! Während sich die Kinder hinter den Butzenscheiben die Nasen gen Wald plattdrücken, schlagen sich mein Schwager und ich, dunkel verhüllt und vermummt wie Talibankämpfer, lautlos und möglichst unbemerkt in das Dickicht des angrenzenden Waldes. Einer von uns trägt unter der Nahkampfausrüstung ein langes weißes Gewand, um das vorher Stöckchen gezogen wird. Und ich weiß nicht, wie sie die Stöckchen immer wieder aufs Neue manipulieren, aber seit Beginn meiner Christkind-Karriere trifft es jedes Jahr erneut mich. In weiser Voraussicht habe ich meinen Auftritt inzwischen professionalisiert und das nicht mehr weiße Betttuch gegen ein Engelskostüm ersetzt. XXL, flexibel für jede Herrenstatur.

Und zur Belustigung aller stecke jedes Jahr doch wieder ich in dem überdimensionierten Traum in Weiß. In diesem Jahr fehlt mir allerdings jede Kraft zur Diskussion, und ich sage nur: „Gib her, ich mach schon", als mir mein Schwager breit grinsend die Stöckchen hinhält. Ein Prinz kann auch Christkind.

Also kauern wir zwei hinter der Holzhütte, hinter die wir uns gerobbt haben, und versuchen den Hund davon abzubringen, vor unserem Versteck wie wild auf- und abzuhüpfen. Angestrengt lauschen wir auf ein leises Glöckchen aus dem festlich erleuchteten Haus, was so viel heißt wie: Das Christkind kann kommen, und die Küche ist sauber. Also fliege ich los, grazil hüpfend, da das Christkind sicherlich grazil hüpfen würde, und die Chinaböller, die mir mein Schwager hämisch lachend hinterherwirft, sonst fies an den Beinen brennen. Mit der einen Hand wedele ich mit riesigen Wunderkerzen, die meinen Sternenschweif simulieren und dessen plötzliche Helligkeit mir jede Sicht auf den wurzeligen Waldboden nimmt. Mit der anderen Hand versuche ich den Hund davon abzubringen, an meiner Schleppe zu zerren. So stolpere ich mich durch den Wald, ungeachtet der pieksigen Dornen und der dünnen Äste, die mir ins Gesicht flitschen.

Die Augen aller um den Weihnachtsbaum Stehenden glitzern. Ob es Tränen der Rührung oder Lachtränen sind, lässt sich nur schwer ausmachen. Aber gleich werden mir meine Kinder in die Arme springen und quietschen: „Papa, hast du das Christkind gesehen? Es hat Sterne gesprüht und ist geflogen." Und was ist schon ein Loch in der nigelnagelneuen Anzughose und zerschrammte Beine gegen dieses kleine Weihnachtswunder? Merry X-mas!

Silvester: Premiere auf dem Küchentisch

Unsere Generalprobe und somit ersten Auftritt vor Publikum absolvieren Michi, Sascha und ich ungeplant an Silvester. Eigentlich kommt es nicht wirklich überraschend, da wir über nichts anderes mehr sprechen können als die bevorstehende Prinzenproklamation und unser Bühnenprogramm. Und demnach texten wir unsere Gäste zu Neujahr natürlich nur mit einem Thema zu. Da es sich bei den Geladenen um unsere Liebsten handelt, nehmen sie es uns nicht übel, sind neugierig, fiebern mit und kommen eh nicht zu Wort. Alle Anwesenden erscheinen zum Erstaunen der neuen Nachbarn im Mexikaner-Outfit.

Das hat weniger damit zu tun, dass wir den Beginn der Session nicht mehr abwarten können als vielmehr, dass wir nicht riskieren möchten, dass unser Au-pair-Mädchen auch nur der Hauch von Heimweh überfällt. Man muss die Feste halt feiern, wie sie fallen.

Also kochen wir dieses Jahr dem Anlass entsprechend und tragen Schnäuzer und überdimensionierte Mexikanerhüte. Unser Au-pair behauptet zwar, der gemeine Mexikaner trage so oft Sombreros, wie der gemeine Deutsche Trauben tritt, aber da muss sie jetzt durch.

Zwischen Tortilla und Guacamole hält es uns drei dann nicht mehr auf den Stühlen: Wir lassen uns erst gar nicht bitten und spulen zum ersten Mal vor Publikum unser Bühnenrepertoire ab.

Nun muss ich gestehen, dass die Anwesenden nur wenig als objektives Barometer taugen, aber ich möchte behaupten, die Hütte brennt. Das tut unendlich gut, auch wenn unsere Fans weitgehend in erster Linie verwandt mit uns sind und der Caipi sein Übriges dazu tut. Egal, wir rocken die Bude und singen und musizieren uns ins neue Jahr. Hätte mir jemand um zwölf Uhr bewusst gemacht, dass wir vier Wochen später vor 10.000 Menschen in der Kölnarena gleiches Programm wie auf unserem Küchentisch präsentieren müssen, mir wäre vor Angst das kölsche Herz in die mexikanische Hose gerutscht... so aber ballern wir alle aufkommenden Ängste in die Luft und können es kaum mehr erwarten: Prosit Neujahr!

Der Countdown läuft...

Himmlischer Beistand

Das neue Jahr startet – nur noch ein paar Tage bis zur „Pripro". Die haben wir eigentlich nur zum Üben verplant. Die Rede in den Kopf ballern und das Bühnenprogramm proben. Außerdem will ich das Büro übergabebereit machen. Zum Arbeiten bin ich kopftechnisch schon jetzt nicht mehr in der Lage. Dann erreicht uns wie beiläufig eine Mail vom Festkomitee, in der wir erfahren, dass der Festakt der Proklamation nicht wie geplant nur vom Oberbürgermeister zelebriert wird, sondern zusammen mit Rainer Maria Kardinal Woelki.

Wie bitte? Von wem?

Schön, dass man uns das auch mal mitteilt. Das ändert alles. Und das ist gleich zu Beginn seiner Amtszeit als neuer Erzbischof von Köln ein echtes Statement: Kirche und Karneval gehören zusammen.

Zunächst sind wir sauer. Nein, nein, nicht falsch verstehen: Erst mal ist das natürlich eine unfassbare Ehre, vom Erzbischof proklamiert zu werden. Aber nach wochenlanger Arbeit steht endlich unsere Pripro-Rede – und jetzt müssen wir sie komplett umwerfen! Wir sehen es als unsere Pflicht an, diese weltliche Haltung der Kirche in unserer Ansprache gebührend zu würdigen, und schnell ist klar, dass sich unsere komplexe Rede nicht einfach durch zwei, drei nette Sätzchen ergänzen lässt. Also krempeln wir Saschas Part komplett um – und im Nachhinein müssen wir zugeben, dass unsere Rede durch die Umgestaltung gewonnen hat. Unser sympathischer Erzbischof hat jetzt schon bei uns einen Stein im Brett. Wenn ein so hochrangiger Vertreter der katholischen Kirche einem Mann in Frauenklamotten die jecke Regenschaft über unsere Stadt erteilt, dann ist das doch ein echt Weg weisendes Zeichen, oder?

Grünkohlmarathon

Ursprünglich hieß es, in den wenigen Tagen bis zur Proklamation seien keine Termine veranschlagt. Aber unser Zeitplan sieht Anderes vor und wir fühlen uns wie die Kuh durchs Dorf getrieben. Ein Korpsappell und Geburtstag nach dem anderen stehen an. Zwei, drei, manchmal vier Termine am Tag. Und wir werden von Veranstaltung zu Veranstaltung gereicht. Wir nennen es unseren „Grünkohlmarathon".

Natürlich ist es wichtig und hilfreich, die Verantwortlichen im Karneval vorab kennengelernt zu haben, bevor man ihnen auf den großen Bühnen der Stadt gegenübersteht. Aber unsere Nervosität steigt, und gefühlt müssten wir unsere neue Pripro-Rede büffeln. So aber bereite ich jeden Tag für den kommenden Abend diverse kleine, individuelle Reden vor, um jeder Gesellschaft gerecht zu werden. Und da gerade Grünkohlzeit ist, gibt es auf jeder Veranstaltung... Grünkohl. Oder zur Beruhigung des nervösen, designierten Dreigestirnmagens Erbsensuppe. Nach der x-ten Grünkohlattacke finde ich Michi mit grummelndem Magen und etwas abseits von der Gesellschaft. „Ich wusste gar nicht, dass die Detoxdiät von Karnevalisten erfunden wurde. Wenn sie jetzt noch ein Grünkohlsorbet reichen, laufe ich grün an", stöhnt er. Wir bedauern die armen Adjutanten, die den Grünkohlmarathon jedes Jahr absolvieren müssen.

Einzug in die Hofburg: Flittard ist vernetzt

Ohne unseren Flittis zu nahe treten zu wollen, mache ich mir im Vorfeld doch die eine oder andere Sorge um unseren Einzug in die Hofburg. Traditionell zieht dazu die das Dreigestirn stellende Gesellschaft, begleitet von ihrem Fuß- und Musikcorps, in glänzenden Uniformen und in einer prächtigen Parade durch die Stadt bis zur Hofburg, dem Pullman Cologne Hotel.

Jedoch: Der demographische Wandel hat auch vor unserer bis dato 120 Mann starken Flittarder KG nicht Halt gemacht – und deswegen verfügen wir weder über eine prächtige Uniform noch über eine Kapelle. Von Reitern oder einer Kutsche, in der die zukünftigen Helden der bevorstehenden Session transportiert werden, ganz zu schweigen. Was also tun, dass unser pompöser Einstand nicht mit einem Ausflug des hiesigen Seniorenwandervereins verwechselt wird?

Aber, wie heißt das Motto gleich noch? „Social jeck, kunterbunt vernetzt." Wenn ich eins kann, dann klüngeln, äh netzwerken. Und wozu hat man Löffelgesellschaften? Die heißen nicht so, weil die Mitglieder so großen Hunger haben, wie unsere Marie vermutet. Dabei geht der Name tatsächlich auf einen dem Regimentskoch geklauten Kochlöffel zurück. Um es kurz zu machen: Die Löffelgesellschaften sind ein Verbund rechtsrheinischer KGs, bestehend aus so traditionsreichen Gesellschaften wie die KG Müllemer Junge, die KG Uhu, die Große Dünnwalder KG Fidele Jonge und natürlich unsere Flittarder KG. Und sie alle sind bereit, uns zu unterstützen. Die Schäl Sick hält zesamme!

Als wir uns in aller Herrgottsfrühe vor unserer Narrenburg in Flittard treffen, platzt der Innenhof aus allen Nähten. Ganz Flittard ist auf den Beinen. Auch die Dorfvereine haben sich uns angeschlossen. Einfach jeder – außer meiner Frau und meinen Kindern. Wo zum Teufel stecken die?

Es ist noch dunkel, als sich der Tross in Bewegung setzt – angeführt vom Spielmannszug des Schützenvereins. Wir haben also doch Musik. Die nicht mehr ganz marschfesten Senioren winken aus ihren Fenstern. Unsere kilometerlange Karawane richtet ein Verkehrschaos in der Einbahnstraße an, und mittendrin entdecke ich plötzlich meine Frau. Ihr Auto steckt zwischen einem Bus und einem LKW und kommt keinen Meter vorwärts. Sie springt aus dem Auto.

„Wo warst du?!", herrsche ich sie etwas ungehalten an.

„Ich suche seit Ewigkeiten einen Parkplatz, hier ist alles verstopft", ruft sie zurück. In beachtlicher Geschwindigkeit lädt sie einen Kinderwagen, drei Kinder plus meine Nichte aus dem Auto und rast davon. „Ich parke irgendwo", ruft sie uns noch zu.

Ach! Na spitze, das gibt nix. Meine Frau kann nicht parken beziehungsweise sie kann a) nicht parken und b) hat sie keine ruhige Minute, wenn sie nicht hundertzwanzigprozentig korrekt steht. Meiner ansehnlichen Sammlung von Knöllchen zu entnehmen, leide ich nicht unter dieser Zwangsneurose. Aber wo will sie jetzt ´nen Parkplatz finden? Hier ist weit und breit alles dicht. Aber es hilft nichts, wir ziehen weiter. An der Kreuzung warten Busse, die uns zum Rheinufer bringen sollen. Die sind schnell bis auf den letzten Platz gefüllt. Der erste Bus rollt schon los, als ich sehe, wie sich meine Frau joggend und mit hochrotem Kopf der Kreuzung nähert.

„Da kommt se ja", stößt ihre beste Freundin erleichtert aus. Zugegebenermaßen muss ich gestehen, dass das Losrollen des vierten und letzten Busses meine Frau in eine Art Geschwindigkeitsrausch versetzt, den ich ihr nicht zugetraut hätte. Wild gestikulierend signalisiert sie dem Busfahrer, die Tür nochmals zu öffnen und klettert mit hochrotem Kopf die Stufen hoch. Immerhin passt der jetzt zu ihrem rot-weißen Ringelshirt, das sie unter ihrer Jacke trägt.

„Du hättest den Bus ruhig mal anhalten können", japst sie mir entgegen.

„Ich wollte bloß mal sehen, wie schnell du werden kannst", lache ich, und los geht es. Die Stimmung an Bord ist grandios. Alle singen, nur meine Frau ringt noch immer nach Luft.

Klar zum Entern

In Mülheim steigen wir ins „Original Müllemer Böötche". Denn eine Seefahrt, die ist lustig – und die Stimmung an Bord ebenso. Es wird geschunkelt und musiziert. Auch meine Frau hat inzwischen eine weitgehend normale Gesichtsfarbe angenommen und findet wieder Luft zum Mitsingen. Wir setzen auf die andere Rheinseite über und werden von einem Feuerwehrlöschboot eskortiert. Viele meiner Kumpel arbeiten bei der Berufsfeuerwehr, wie auch mein Nachbar Wolle. Wir stellen uns an die Reling und winken, während das Feuerwehrboot zum Salut einen dicken Wasserstrahl vor sich herspritzt. Ich platze fast vor Stolz.

Unter dem Dom verlassen wir unser Bötchen und ziehen durch die Altstadt. In einem Brauhaus gibt es erst mal ein zünftiges Frühstück für die Karnevalisten. Und das erste Kölsch geht auch.

Eine Stunde später hat sich auf dem Heumarkt nicht nur, wie angekündigt, unser Tanzcorps versammelt, sondern auch eine stattliche Abordnung der Blauen Funken und der Prinzen-Garde. Dazu ziert das Reiterkorps der Colombinen auf wunderschönen Pferden den gut gefüllten Platz. Toll, wie viele Karnevalskollegen unsere kleine Gesellschaft unterstützen. Von wegen Seniorenwandergruppe ab 50, das ist der bunteste und größte Einzug in die Hofburg, den Köln je gesehen hat! Und wir brauchen keine Kutsche, wir haben ein (fahrbares) Schiff.

Vollsperrung

Dann setzt sich unsere farbenprächtige Parade in Bewegung. Der Tross erstreckt sich über eine Länge vom Heumarkt bis zur Nord-Süd-Fahrt. Die Menschen auf der Straße bleiben stehen und winken, Bürofenster öffnen sich, der Verkehr liegt lahm. Das muss man auch erst mal lernen, sich feiern zu lassen! Es erscheint mir etwas suspekt, und ich frage mich, ob die Menschen, die jetzt unvermittelt im Stau stehen, wütend sind und gleich hupen. Aber sie steigen aus ihren Autos, warten geduldig und erwidern unser noch etwas zaghaftes Alaaf.

Auf der ersten Kreuzung parkt ein Motorradpolizist quer und ruft einem unserer Flittarder mit einem leicht hektischen Unterton zu: „Hallo? Sind Sie hier verantwortlich? Ich sollte mal eben ne Ampel auf Rot stellen, aber das hier ist ne Vollsperrung. Das geht so nicht!"

„Alaaf", brüllt ihm die bunte Meute entgegen und zieht lachend weiter.

Auch der Pullman-Direktor und zukünftige Herbergsvater bekommt leicht hektische Flecken, als die Parade an Karnevalisten, die sein Hotel erreicht, nicht abreißen will: „Ordert Bier nach, wir brauchen mehr Bier", ruft er seinen Kellnern zu, die uns mit einer kleinen Erfrischung empfangen. Anschließend überreicht er uns feierlich einen überdimensionalen Hotelschlüssel.

In einem bunten Mischmasch aus Karnevalisten beider Rheinseiten lassen wir den Tag gemütlich ausklingen. Social jeck – kunterbunt vernetzt. Ich möchte behaupten, wir leben unser Sessionsmotto in Reinform.

Ist der Papa schon ausgezogen?

Zu Hause heißt es Koffer packen. Sechseinhalb Wochen werde ich nicht bei meinen Lieben wohnen. Ein seltsames Gefühl. Die Kinder sind verunsichert und nervös. Was nicht zuletzt daran liegt, dass gefühlt jeder sie mit der Frage „Ist der Papa schon ausgezogen?" und „Ja, das ist wirklich nicht einfach für euch!" bombardiert.

Meine Frau versucht derweil in einer Langzeitstudie Omas Theorie zu widerlegen: Augen bleiben stehen, wenn man sie nur oft genug angenervt verdreht. Man gratuliert überschwänglich zu ihrem Traumprinzen, um ihr anschließend ein „Also ich könnte das ja nicht, daran soll schon so manche Ehe zerbrochen sein" mit auf den Weg zu geben.

„Kommst du wieder, Papa?"

Grete setzt sich mitten in meinen Koffer. Sie hat noch keine Zeitvorstellung, und sechseinhalb Wochen erscheinen auch mir momentan wie eine gefühlte Ewigkeit.

Auf amerikanische Chemie ist Verlass

Neben allerhand Klamotten wandert ein halbes mobiles Büro ins Gepäck. Mit einem kleinen Drucker kann ich so auf Aktuelles reagieren und die Reden für den nächsten Tag ausdrucken.

Auch wenn ich Sie damit enttäusche, werde ich hier nicht verraten, wie die „legendäre 800", auf der Dreigestirn und Adjutantur mehrere Zimmer plus Gemeinschaftsraum beziehen, aussieht. Das ist und soll ein schönes Mysterium bleiben. Was ich verraten möchte, als ich zum ersten Mal mein Zimmer betrete, ist neben dem prächtigen Domblick ein kleiner Abdruck ganz oben an der Decke vor dem Fenster. Der stammt von einer Schraubzwinge, die der Adjutant des Prinzen jedes Jahr an gleicher Stelle anbringt. An diesem improvisierten Haken hängt jede Nacht das Ornat zum Lüften. Und dieses Jahr hängt da meins.

Außerdem zieht mit mir in die 8. Etage eine Flasche Enthaarungscreme, die mir meine Schwester eigens aus den USA geschickt hat. So´n Enthaarungszeug gibt es gewiss auch bei uns, aber die amerikanischen Dinger pulverisieren jedwede keratinähnliche Struktur zuverlässig und binnen Sekunden. Also im besten Fall nur die an den Beinen. Tube auf, Haare ab. Grandios. Im besoffenen Kopf mit Shampoo verwechseln darf man das nicht. Aber endlich werd ich mit einem guten Grund meine Beinbehaarung wieder los. Meiner Frau missfallen meine glattrasierten Beine nämlich. Denn: Nachdem ich meine Fußballkarriere endgültig für gescheitert erklärte, habe ich aufgehört, mir

die Beine zu rasieren. Doch jetzt habe ich den besten Grund der Welt, meine Beine wieder aalglatt zu rasieren. Auf die amerikanische Chemie ist einfach Verlass!

Die Generalprobe muss schiefgehen

Die Fernseh-Generalprobe für die morgige Prinzenproklamation im Gürzenich verhaue ich nach allen Regeln der Kunst. Unfassbar, ich kann mich kaum konzentrieren. Nicht eine Silbe fällt mir ein. In meiner Verzweiflung bitte ich den Regisseur um eine kurze Pause. Sascha und Michi versuchen mich zu beruhigen. Es fällt nicht ein einziges böses Wort, obwohl ich den gesamten Ablauf durcheinanderbringe.

45 Minuten später stehen wir wieder auf der Bühne. Ich bin konzentriert, und es läuft wie geschnitten Brot. Plötzlich unterbricht mich der Regisseur und macht einen Verbesserungsvorschlag für meine Rede. Ah, verdammt, jetzt bin ich wieder total raus. O.k., ruhig bleiben, das ist ein Medienprofi. Ich nehme also seinen Vorschlag an und beginne von vorne. Im Anschluss tritt Bernd Höft zu uns: „Jungs, habt ihr eigentlich jemals etwas anderes gemacht?" Nein, aber ich warte seit 34 Jahren darauf. Und jetzt soll es bitte endlich losgehen.

Dom oder McDonald's

Der erste hochoffizielle Termin in unserem Auftrittsbuch lautet: Pontifikalamt im Heiligen Dom zu Köln unter der Leitung von Erzbischof Rainer Maria Kardinal Woelki. Ich bekomme allein vom Titel Gänsehaut. Jetzt wird es ernst.

Wir stehen im Hauptschiff vor dem Altar. Der Dom füllt sich langsam mit Menschen, nur die reservierten Reihen sind noch weitgehend frei. „Dreigestirn" steht auf einer der Sitzbänke. Hu, das sind wir. Ich brauche jetzt ganz dringend meine Frau, die mein Händchen hält, möglichst nichts sagt oder nur so profane Dinge wie „Die Generalprobe muss schief gehen" oder „Dann kann das morgen nur gut gehen" Mehr will ich ja gar nicht.

Aber: Frau wieder zu spät. Hallo? Kann die jetzt mal pünktlich sein? Jetzt werde ich aber langsam sauer. Also, zugegeben, das ist gar nicht ihre Art. Im Gegenteil, sonst bin immer ich derjenige, der zu spät kommt. Aber meine Zeitplanung hat bereits der Prinzenführer für mich übernommen. Mein Hirn anscheinend auch, denn in meiner Hosentasche knete ich den Zettel mit meiner Fürbitte, die einfach nicht in meinen Kopf will. Kurz vor 18 Uhr schiebt sich meine Frau vorsichtig durch die Menschenmenge im Hauptschiff. Sie zieht eine sich wild sträubende Marie hinter sich her und sieht müde aus.

„Wo zum Teufel warst du?", fauche ich sie an. Ich weiß, es gehört sich nicht, in der Kirche zu fluchen, aber da kann man doch wirklich mal sauer werden.

„Grete hat zu Hause bitterlich geweint, als ich loswollte. Ich musste sie erst beruhigen. Und Marie musste grad noch zur Toilette", entgegnet sie mir eine Spur zu wenig schuldbewusst.

„Ich will zu Mc Donald´s", heult Marie.

„Kannst du mir zuliebe vielleicht mal pünktlich sein und mir zur Abwechslung ein gutes Gefühl geben?", blaffe ich meine Frau an, während wir unsere Plätze einnehmen. Vor uns steht eine Meute Fotografen und visiert uns an.

„Und wenn ich zu deiner dämlichen Pripro zu spät komme, die Kinder gehen vor", zischt sie durch ein aufgesetztes Lächeln hindurch zurück und zupft meinen Schal zurecht.

Nee... ich würde sagen, es läuft heute bei mir. O.k., wir sind im Moment alle durch und angespannt, und die Kinder spüren das natürlich. Aber grrrrr.... Ich versuche mich zu beruhigen. Wie gut, dass ich jetzt in der Mitte meiner zwei besten Freunde sitze, vor denen ich mich nicht verstellen muss.

Das schwere Mauerwerk um mich herum erdet mich langsam. Ich bin auch erschöpft. Und müde. Wir alle. Ich muss an die anstrengenden Wochen denken, die hinter uns liegen. Ich bin froh, wenn die Vorbereitungszeit hinter uns liegt und es endlich losgeht.

Der erste Klang der Trompeten holt mich zurück ins Hier und Jetzt. So laut und schön habe ich Musik noch nie im Dom vernommen.

Jeweils zwei Vertreter aller Kölner Korpsgesellschaften tragen die Vereins-flagge durch den Mittelgang bis in den Altarraum. Dabei glänzt die Flittarder Fahne bis kurz vor Beginn der Messe durch Abwesenheit, denn unser Fahnen-träger hat unseren gestrigen Einzug in die Hofburg so enthusiastisch gefeiert, dass er darüber unsere Vereinsfahne im Pullman vergessen hat. Das kann ja schon mal vorkommen! Gott sei Dank findet sich kurz vor Beginn der Messe der edle Finder ein, und wir können die Fahne mit einem Pittermann freikau-fen. Welch ein Anblick. Gänsehaut pur!

Und dann beweist unser neuer Erzbischof, wie gut Kirche und Karneval zu-sammenpassen. Seine Predigt trifft die Kölner Karnevalisten ins Herz.

Zusammen mit dem Kinderdreigestirn tragen wir unsere Fürbitten vor. Mir sitzt ein Kloß im Hals, als Kinderprinz Julian für das kleine und große Dreige-stirn betet. Es gibt mir viel Sicherheit, seine Hand zu halten. Wahrscheinlich ist das andersherum gedacht.

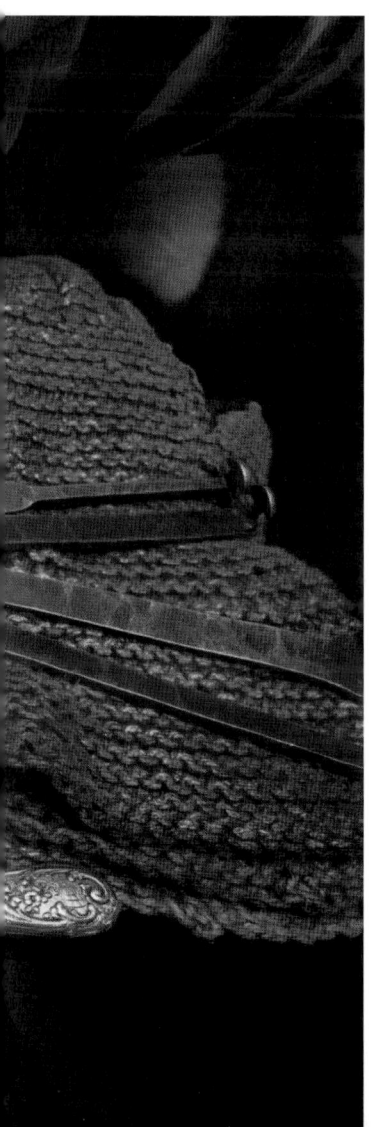

„Pripro"

Prinzenproklamation am Freitag, 9. Januar

8 Uhr: Ich frühstücke mutterseelenallein im Gemeinschaftsraum. So viel Ruhe bin ich zu Hause nicht gewöhnt. Verdammt, wo sind die nur alle? Abends haben wir noch lange auf der 800 zusammengesessen, aber heute scheint jeder seinen eigenen Weg zu gehen.

8.30 Uhr: Das halt ich nicht aus. Ich rufe zu Hause an und kündige mich für den Nachmittag an. „Äh, das würde mich wirklich freuen, Schatz. Aber wir machen uns hier mit fünf Frauen für die Pripro fertig."
Zack, kaum bist du zwei Tage zu Hause raus, ist dein Haus von allerlei Weibsvolk besetzt. Als ob da nicht so schon genügend Hühner rumturnen. Aber das Gegacker und Gekicher hoch fünf verpack ich heute wirklich nicht. „Nee, lass mal...!"

9 Uhr: Wimpern färben im Friseursalon des Hoffriseurs.

10 Uhr: Ich gehe in der Flora spazieren und bete meine Rede rauf und runter.

11 Uhr: Wo ist der Knopf, um den Tag auf Abend vorzuspulen?

12 Uhr: Immer noch Totenstille auf der 800. Außer mein Magen. Ich entscheide mich für „Soulfood" auf den Ringen.
Memo an mich selbst: Misosuppe ist kacke.

12.30 Uhr: Süßigkeiten-Attacke.

13 Uhr: Vertraute Gesichter! Aber Michi und Sascha schauen ungewohnt ernst und einsilbig aus der Wäsche.

13.30 Uhr: Das letzte Training bei der Grand Dame des Tanzes, Biggi Fahnenschreiber, steht auf dem Programm. Biggi ist unglaubliche 83 Jahre alt und fit wie ein Turnschuh. Durch ihre harte Schule ist so manches Tanzmariechen gegangen. Und mir ist gerade jede Ablenkung recht.

Sascha versetzt Biggi mit seiner Version des traditionellen Tanzes der Jungfrauen von „Oh, wie bist du schön" in pure Verzückung. Michi entlädt seine Nervosität und hämmert „Op däm Maat" aufs Parkett. Den Schluss mache ich mit dem „Schmucken Prinz".

„Denk dran", mahnt unsere strenge Lehrerin, „Du bist schöööön, du bist der Prinz!" Ja, grad macht sich der Prinz bald in die Hose.

Aber es läuft gut, und Madame ist sichtlich zufrieden mit ihrem Werk. Wahrscheinlich hätte sie das ein paar Wochen zuvor nicht zu hoffen gewagt.

14.30 Uhr: Wir haben noch etwas Zeit uns hinzulegen.

15 Uhr: Guter Scherz! ICH KANN NICHT SCHLAFEN!

16 Uhr: Ich treibe den durchschnittlichen Wasserverbrauch im Hotel in die Höhe.

16.45 Uhr: Rein in die Strumpbotz! Und dann schlüpfe ich zum ersten Mal in meine roten Schuhe. Ich begutachte mich vorm Spiegel. Hm, sieht irgendwie doof aus, nur in Pumphosen und Hosenträgern. Mein Gott, habe ich krumme Been! Als stecke das Päd vom „Prinz mit dem weißen Pferd" noch immer dazwischen.

17 Uhr: Schminken! Das wird von nun an zum schönen, morgendlichen Ritual werden. Wir sitzen im Zimmer des Hoffriseurs vor einem beleuchteten Spiegel, wie man sich das in einem Theater vorstellt. Erst Sascha, dann Michi, dann ich, und ab und an schneidet er mir die Haare nach. Also gut, die obligatorische Reihenfolge ist eigentlich Jungfrau, Prinz und dann Bauer, aber nachdem ich zum x-ten Mal morgens über den Flur rufe „Äh, Michi, kannst du vielleicht schon zum Schminken gehen?", fügt er sich in sein Schicksal.

Sie begleiten uns außerdem den gesamten Tag, sind nur auf unser Äußeres bedacht und schminken und pudern nach. Außerdem waschen, kämmen und flechten sie täglich die Perücken der Jungfrau. Denn damit diese ordentlich durchtrocknen kann, gibt es gleich zwei davon. Beeindruckend, wie viele Ehrenamtler Zeit in diese Sache ballern. Jahr für Jahr.

17.15 Uhr: Der Hoffriseur redet auf mich ein wie ein Trainer auf seinen besten Spieler. Ich konzentriere mich auf seine beruhigenden Worte. Dann schau ich in den Spiegel. Oh Gott, ich seh aus wie eine Bordsteinschwalbe. „Hast du da was verwechselt?", frage ich ihn entsetzt.

„Beruhig dich, mein Junge, das ist nur für die Kameras, da müssen wir schon etwas mehr aufspachteln", lacht er.

O.k., er weiß sicher, was er tut.

18 Uhr: Mein Adjutant Marcus Heller hilft mir zum ersten Mal ins Ornat. Ich schlüpfe von hinten in die Ärmel, er zupft das Ornat zurecht und schließt die Satinknöpfe auf dem Rücken. Ich hebe meinen Kopf und sehe mich zum ersten Mal in kompletter Montur und geschminkt im Spiegel. Das nervöse Flattern in meinem Bauch setzt unverzüglich aus. Dieses Ornat gibt einem so viel Würde und... Kraft.

„Bereit?" fragt er. Ja, mehr als das.

18.25 Uhr: Fast zeitgleich tritt das designierte Dreigestirn samt Adjutantur, Hoffriseur und Prinzenführer auf den Flur. Die Jungfrau wird von Adjutant Karl-Theo Franken begleitet, kurz „KT". Den Bauern begleitet Volker Marx, beide Ehrengarde. Rüdiger Schlott ist als Prinzenführer für den zeitlichen Ablauf verantwortlich. Das Amt des Hoffriseur teilen sich Thomas Eifler und Klaus Fischer.

18.30 Uhr: In der Empfangshalle des Hotels empfängt uns die Leibgarde Seiner Tollität, die Prinzenwache. Alljährlich gestellt vom Traditionskorps der Prinzen-Garde Köln. Sie steht Spalier. Für uns! Es folgt die Wachabnahme, das heißt, die Wache stellt sich in Reih und Glied auf und präsentiert den „Zabel".

Ich freue mich, dass ich durch meine Zugehörigkeit zur Prinzen-Garde selbst fünf Personen bestimmen durfte, die uns beim Einzug in den Gürzenich eskortieren. Quasi durfte ich mir also meine eigene Wunschwache zusammenstellen. Na, da muss ich nicht zweimal überlegen. Ich entscheide mich für meinen Trauzeugen und langjährige Wegbegleiter.

Zum Dank spiele ich für die Wache „Weiß und Rot", das Lied der Prinzen-Garde, auf der Mundharmonika. Und weil ich die Kameraden am nächsten Tag mit dem gleichen Lied begrüße, ist es ab sofort die feste Regel, die Wache mit einem Ständchen zu empfangen. Denn ab dem zweiten Mal ist es in Kölle ja bekanntlich Tradition.

18.50 Uhr: Abfahrt zum Gürzenich. Ich bete meine Rede rauf und runter, als der Wagen plötzlich abbiegt. Das ist nicht der Weg zum Gürzenich, was machen die denn?

18.55 Uhr: Die Kolonne hält auf der Domplatte. Unter den gewaltigen Türmen steigen wir aus. Der Wind bläst mein Cape auf, es regnet. Unter einem Vordach werden wir in richtiger Reihenfolge aufgereiht – oberste Regel im Protokoll: immer richtig stehen, Bauer rechts, Jungfrau links, Prinz Mitte. Dann erscheinen zwei Dudelsackspieler. Sie spielen zu unseren Ehren „Do bes die

Stadt" und dann „Amazing Grace". Wir drei halten uns bei den Händen wie Fußballer bei der Nationalhymne. Voller Stolz wandert mein Blick nach oben zu den Türmen von der „schönsten Kapell unserer Stadt" (Cat Ballou). 157 Meter hoch. Sie kamen mir noch nie so mächtig vor. Aber welch wunderschöne Überraschung! Ich bin jetzt schon fix und alle. Und dabei geht es doch gerade erst los...

19.05 Uhr: Vor dem Gürzenich! Drinnen ist die Feier in vollem Gange. Mein Blick geht stur geradeaus. Ich bin noch nicht bereit, Smalltalk zu treiben, zu hoch ist die Konzentration.

19.10 Uhr: Wir bleiben im Erdgeschoss, in einem etwas entlegenen Raum. Die Prinzenwache stärkt sich mit Sekt, kleinen Häppchen und macht ihre üblichen Scherze. Sie begutachtet ausgiebig Michis überdimensionierte Bass-Mundharmonika, die eine gute Armlänge fasst. Die wird er wohl nicht mehr verschlucken! Auch Sascha konnte ich noch bequengeln, ein Begleitinstrument zu spielen und seine Wahl fiel auf eine Harmonetta.

19.12 Uhr: Aus dem Saal über uns ertönt lauter Applaus. Plötzlich ist sie wieder da: die Panik. Sie schwappt wie eine Welle an mir hoch und lähmt jedes Denken. Nur noch Hohlraum in meiner geschminkten Birne. Ich fange an zu schwitzen. Alles ist weg. Hektisch lasse ich mir eine kleine Kammer aufschließen, ich brauche ganz dringend einen Moment Ruhe.

19.15 Uhr: Mein Adjutant betritt die Kammer. Er schaut in meine geweiteten Augen und weiß, was los ist. Ohne Worte greift er in seine Uniformmanschette und zieht ein Stück Zettel zum Vorschein. Er hat meine Rede kleinkopiert. „Ich stehe direkt hinter dir", sagt er ohne jede Aufregung in seiner Stimme. Mein Kopf füllt sich augenblicklich mit Worten. Wir verabreden noch ein Zeichen. Wenn ich den Kopf seitlich zu ihm drehe, wird er mir soufflieren. Aber ich weiß, dass ich es jetzt nicht mehr brauchen werde.

19.20 Uhr: Die Pressesprecherin des Festkomitees tritt ein. Sigi bittet uns um ein kurzes Interview für den WDR. Sie drückt unsere Hände.

19.45 Uhr: Plötzlich geht alles ganz schnell. „Wir gehen hoch", ordnet Prinzenführer Rüdiger „Rudi" Schlott an. Ich muss gestehen, dass mich seine Art zu diesem Zeitpunkt noch etwas befremdet. Also, ich kann verstehen, dass man nicht Everybodys Darling sein kann, wenn man ne Horde Prinzen-Gardisten im Spaßmodus und ein Dreigestirn auf Selbstverwirklichungstour möglichst pünktlich, adrett und nüchtern von Termin zu Termin bugsieren muss. Aber momentan kann ich mir noch nicht vorstellen, dass wir am Ende der Session großen Respekt füreinander empfinden werden. Vielleicht liegt es daran, dass er schnell merkt, dass wir mitspielen. Und funktionieren. In eigenem Interesse.

Und ich verstehe, dass er dafür geradesteht, wenn einer aus der Reihe tanzt. Jede Sitzung, jede Veranstaltung ist so engmaschig gestrickt, dass jeder Auftritt von der Pünktlichkeit aller Darsteller abhängt. Kommt einer zu spät, verzögert sich alles, auf jeder Sitzung. Da wird man schon mal zum Spaßverderber, wenn man dafür seinen Kopf hinhält.

„Da musst du jetzt durch", interpretiert Rudi mein Stehenbleiben. Das erste Mal steigen wir im Ornat die ehrenvolle Treppe im Gürzenich empor. 56 Stufen ins Glück. Aber ich bin stehengeblieben, um einen kurzen Blick auf das „Trauernde Elternpaar" von Käthe Kollwitz in den Trümmern von St. Alban zu werfen. Wie oft bin ich diese Treppe schon hochgestiegen? Ich liebe diesen Blick auf die Betende. Wünscht mir Glück.

19.50 Uhr: Die Treppe zum Foyer ist gesäumt von Fahnen. Welch ein wundervoller Anblick. Oben wartet das Flittarder Tanzcorps auf uns. Wir sind stolz darauf, dass es auf unserer Prinzenproklamation auftritt, und es war noch nie so gut wie in diesem Jahr. Das Festkomitee überrascht uns damit, dass drei unserer Flittarder Kameraden die Insignien auf samtenen Kissen in den Saal tragen. Und sie haben genau die „richtigen Verdächtigen" für diesen Job ausgewählt. Der Saal hinter der geschlossenen Tür brodelt.

20 Uhr: Vor der Eingangstür wird die Nebel- und Gegenlichtmaschine angeworfen. Jetzt wird es ernst. Unser Tanzcorps beginnt zu klatschen.

Mein Adjutant nimmt mir die Gesellschaftsmütze der Flittarder KG ab und setzt mir die Prinzenmütze auf. Er richtet den prächtigen Kopfschmuck bis auf den Millimeter genau aus. Es macht ihn wahnsinnig, wenn sie schief sitzt oder zu hoch oder zu tief. Jedes Mal, jedes einzige Mal der 421 Auftritte, die vor uns liegen, ist dieser Moment wie eine kleine Krönung für mich. Seine Ruhe gibt mir Sicherheit, und er ahnt gar nicht, welche Wirkung diese Geste auf mich hat. Es wird mein Lieblingsmoment der gesamten Session.

20.10 Uhr: Die große zweiflüglige Tür öffnet sich. Der Präsident des Festkomitees Markus Ritterbach kündigt uns an…

Und ich sehe Sascha. Wie ein Geist steht die schönste Jungfrau aller Zeiten im Nebellicht.

Michi türmt sich auf. Was für ein Vieh, was für ein Power-Bauer. Mit gut über drei Metern. Auch er verschwindet im Nebel, und ich höre, wie der Saal explodiert. Nur noch Sekunden, dann kommt der Moment, von dem ich so lange geträumt habe. Ich atme einmal ganz tief durch, richte mich auf und dann geht es los....

Schon nach wenigen Schritten steht im Bereich der Ex-Tollitäten ein erster Stuhl – ich klettere darauf, und diese unglaubliche Kulisse raubt mir den Atem. Ich kann sehen, dass sich Sascha fast bis zur Bühne durchgekämpft hat, während Michi ein aufschäumendes Bad in der Flittarder Fankurve nimmt.

Michi und mein Weg kreuzen sich. Wir schauen uns tief in die Augen und klatschen ab. Er hat dieses breite Grinsen aufgelegt. Ich kenne ihn so gut und seine Augen sprühen: „Ist das geil, das ist die Belohnung für all unsere Mühen." Es geht ihm gut. Dabei klaut er einem Kellner, der sich durch die Menge kämpft und ein Tablett über seinem Kopf balanciert, die Hälfte eines Käseigels und lässt seine Beute genüsslich grinsend in seinem Mund verschwinden. Ich könnte mich wegwerfen vor Lachen. Mein Bauer hat Hunger.

Dann tauchen die ersten bekannten Gesichter auf. In dem Getöse vernehme ich plötzlich eine vertraute Stimme: „Papa!"

Marie steht neben unserer lieben Nachbarin und fällt mir um den Hals. Ich kann es nicht fassen. Wie sind meine Kinder hierhergekommen? Sie tragen die rotgrüne Tanzuniform unseres Tanzcorps und sehen so hübsch aus. Unser Au-pair-Mädchen reicht mir Grete auf den Arm. Jetzt kann mir nichts mehr passieren. Ich drücke meine Töchter ganz fest und sage ihnen, dass ich sie über alles liebe. Ich wische ein paar Chipskrümel vom Ornat, denn Gretchen hat sich beim Warten von einem Knabberteller zum nächsten durchgefuttert.

Und dann genieße ich den Moment vor unserer Fankurve. Was für ein Jubel, ich sauge ihn förmlich auf. Ich freue mich, wie viele unserer Freunde uns die Ehre erweisen und diesen Moment mit uns teilen und versuche sie alle unter Strüßjer zu begraben. Noch mehr rührt es mich zu sehen, wie viele unserer Mitglieder sich diese teuren Karten geleistet haben. Nur, um uns eine Freude zu bereiten.

Von der Fankurve aus geht es den Mittelgang hinauf in Richtung Bühne. Wir erreichen unseren Familientisch. Ich sehe meinen Schwiegervater. Er weint. Wie immer, wenn es emotional wird. Er muss auch weinen, wenn die Prinzen-Garde einmarschiert. Jetzt geht gar nichts mehr. Er wird mich einen Tag bei unseren Auftritten begleiten. Das schenke ich ihm. Ich habe ihm so viel zu verdanken. Er hat uns geholfen, ein Fundament zu schaffen, auf dem unsere junge Familie eigenständig wachsen konnte. Und er hat mir das Wichtigste in meinem Leben geschenkt: meine wunderbare Frau.

Sie steht neben ihm. Wunderschön ist sie. Sie trägt ein langes Kleid in dem gleichen Rot, aus dem mein Ornat gefertigt ist. Sie hat Angst, das sehe ich ihr an. Aber das braucht sie nicht. Ohne sie wäre das alles gar nicht möglich. Sie lässt mich meinen Traum leben, und dafür liebe ich sie. Sie ist die perfekte Person an meiner Seite. Eine wundervolle Mama und Ehefrau, die wundervolle Werte vertritt. Aber am meisten liebe ich an ihr, dass sie Highclass genauso wie Sauerländer Gosse kann.

Ich stehe direkt vor ihr. Sie lacht, aber ihre Augen sind voller Tränen. Der Weg bis hierher war nicht einfach, vor allem auch für sie. Mein Adjutant reicht mir das kleine Armband, das ich bei einer Goldschmiedin habe anfertigen lassen. Drei silberne Haselnüsse sind darin eingearbeitet.

Drei Nüsse, drei Kinder, drei Wünsche.

Die nächsten drei Wünsche gehören ihr. Ich lege ihr das Armband um und küsse sie.

Mein Adjutant treibt mich zum Weitergehen an. Ich schaffe es gerade noch, den Rest meiner Familie einmal zu knutschen. Meine Schwester und meine Nichte sind extra aus Amerika eingeflogen. Ich sehe meine geliebten Eltern mit ihren neuen Partnern. Seit unzähligen Jahren sitzen sie mal wieder an einem Tisch.

Vorbei am Festkomitee geht es unter tosendem Jubel hinauf auf die Bühne. Was für ein Einzug... es ist wie ein Rausch. Auf der Bühne klatsche ich mich mit Michi und Sascha ab. „Ist das geil", jubelt Sascha.

Dann erfolgt reihum der feierliche Akt der Proklamation. Der Präsident des Festkomitees überreicht mir die Insignie des Prinzen, und ich recke die Pritsche empor, als hätte ich die Champions-League-Schale im Alleingang geholt.

Unsere Ansprache verläuft der vermasselten Generalprobe zufolge reibungslos und kommt gut an. Unserem Erzbischof singen wir „Wir sind alle kleine Sünderlein" und versprechen den Jecken, dass sie die drei richtigen Verrückten für diesen Job haben.

Eine Premiere stellt die Liveschaltung in die Flittarder Schützenhalle dar, die aus allen Nähten platzt. Unsere Mitglieder stehen auf Holzbänken und Tischen und sind außer Rand und Band. Alle sind gekommen, mit Kind und Kegel und Oma. Die bewegenden Bilder gehen direkt in den Gürzenich, wo die Gäste Smoking und langes Abendkleid tragen. Das Festkomitee ermöglicht so ganz Flittard, an diesem einzigartigen Moment teilzuhaben. So etwas war noch nie da.

Dann spielen wir zum ersten Mal unser Medley. Für die Mundharmonika-Soli schließe ich die Augen. Den Trick habe ich mir vom Versteckspiel unserer Dreijährigen abgeschaut, wenn sie sich deutlich sichtbar für alle mitten im Raum versteckt und sich die Augen zuhält: „Wenn ich die nicht sehe, sehen die mich auch nicht."

Aber es hilft. Mit geschlossenen Augen fühle ich mich fast so wie auf unserem Küchentisch, aber die Stimmung übertrifft unsere Küchenparty an Silvester um einiges. Es ist unbeschreiblich.

Wir nehmen auf den etwas erhöhten Plätzen auf der Bühne Platz und fühlen uns wie Könige. Das Programm der Prinzenproklamation erscheint mir als herausragend, das Publikum tanzt und feiert. Aber ich bin da sicher kein objektives

Barometer. Während der ganze Saal Weinpflicht hat, lassen wir uns heimlich Kölsch in unsere silbernen Becher füllen.

Woelki, das ist aber auch schon so ein himmlischer Name, oder? Ich glaub, ich hab ʼnen Schwips. Und wir haben es wahrhaftig geschafft.

Mit zwei Trophäen im Bett

Die Proklamation dauert bis nach Mitternacht. Leider wird das Dreigestirn mit dem letzten Klang der Musik aus dem Gürzenich „entsorgt". Das hat den einfachen Grund, dass es genau ein Ornat gibt, und die Vergangenheit lehrt, dass Gratulanten überdurchschnittlich gerne ihr Kaltgetränk über frisch proklamierte Dreigestirne verschütten. Wir sind etwas traurig, der rauschenden After-Show-Party im Foyer entrissen zu werden. Aber schon in der Hotelauffahrt zum Pullman überrascht uns unser Tanzcorps mit einem atemberaubenden Fackelspalier – inklusive unserer engsten Freunde und unserer Familien.

Wir feiern bis tief in die Nacht. Es dämmert fast, als ich mich mit gleich zwei Trophäen in mein Hotelbett fallen lasse. Neben meiner hübschen Frau schläft die Pritsche heute nicht in ihrem kleinen Samtkoffer, sondern auf meinem Kopfkissen. Christina macht ein Foto, wie ich mich grinsend wie ein Honigkuchenpferd an meine Pritsche kuschle, und ich poste das Bild auf Facebook.

Sitzungskarneval, Tag 1

Uh, nach gerade einmal vier Stunden Schlaf klingelt der Wecker. Na spitze, unausgeschlafen in den ersten Tag, das fängt ja gut an. Wie gut, dass Adrenalin hellwach macht.

Seltsamerweise habe ich mehr Respekt vor dem Tag NACH der Proklamation und dem eigentlichen Sitzungskarneval als vor den Fernsehkameras. Für die Pripro konnte ich mich auf den Punkt vorbereiten, die Rede bis zum Erbrechen pauken, und der Ablauf ist streng vorgegeben. Jetzt aber heißt es auf Unvorhergesehenes zu reagieren, spontan sein. Ob ich das schaffe?

Zuerst verschlingen wir die Zeitungen und damit die Pressestimmen zur Pripro. „Himmlischer Beistand für Prinz Papa" titelt der EXPRESS in Anspielung auf die Proklamation durch Kardinal Woelki. Unsere Rede, die Mundharmonika, alles kam gut an. Ausnahmslos gute Presse, uns fällt ein riesiger Brocken vom Herzen. Bis jetzt haben wir nur positive Erfahrungen mit der Presse gemacht und viele sympathische Journalisten getroffen.

Uns ist bewusst, dass das kippen kann. In der Vergangenheit wurde gern auch mal ein Dreigestirn kaputt geschrieben, warum auch immer. In einem der ersten Interviews geben wir zu verstehen, dass es uns nicht daran gelegen ist, uns mit Vorgängern zu messen. Denn es gibt in meinen Augen kein schlechtes Dreigestirn, sondern nur jedes Jahr wieder drei Männer, die bereit sind, diesen Job zu machen – inklusive dem Wissen, aus der Anonymität ins Interesse der Öffentlichkeit zu treten, und dem Druck, den eigenen Ruf zu verlieren, sollte es misslingen.

Aansteche

Ich studiere den Auftrittsplan für den Tag. Als erster Punkt auf der Liste steht heute „Aansteche". Eineinhalb Stunden sind für diesen Termin anberaumt, viel Zeit im Vergleich zu den Folgeterminen an diesem Tag. 14 an der Zahl.

Auf diesen ersten Termin freuen wir uns ganz besonders: Aber mit diesem „Aansteche" ist kein Pittermännchen gemeint, sondern das Anstechen der Prinzenspange. Dazu haben wir unsere komplette Flittarder KG eingeladen, denn wenn einer die Prinzenspange direkt nach unserem geschätzten OB und dem Festkomitee-Präsidenten verdient hat, dann die Mitglieder unserer Gesellschaft. Jeder einzelne. Und unsere Familien und engsten Freunde natürlich. Wir möchten uns mit der höchsten Auszeichnung der Session im Kölner Karneval bei allen bedanken. Das ist ganz wichtig. Dass die Flittis wissen: Wir sind und bleiben drei Männer aus ihren Reihen. Und jeder soll sehen: Wir gehören zusammen.

Dazu treffen wir uns im „Hähnche" in der Christophstraße, bei Schubbi und Elke, zwei Vollblutgastronomen mit großem Herz für das Kölner Dreigestirn. Oder besser VOR dem Hähnche, denn die Bude platzt aus allen Nähten. Alle sind gekommen, vom Kleinkind bis zur Oma. Bis ich weiß, die Spange am geschicktesten zu greifen, habe ich mir schon x- Mal in die Finger gestochen, was uns aber nicht davon abhält, jede Spange persönlich „anzustechen". Den Kindern stecken wir kleine Kinderpins an. Und direkt geht es los: „Ich hab den vom Prinzen, und du? Tauschst du?" Wir tackern im Akkord. Mit einem Mundharmonika-Ständchen verabschieden wir uns und starten in unseren ersten großen Tag...

Das war einfach. Jetzt geht´s in das traditionsreichste Karnevalskaufhaus schlechthin, Deiters. Ich staune, wie viele Menschen schon in den Karnevalsmodus geschaltet haben und unseren Auftritt sehen wollen. Wir spielen zum ersten Mal unser Dreijesteensleed, einen wunderschönen Marsch, den uns die Klüngelköpp auf den Leib geschrieben haben.

Unser erster Auftritt war, sagen wir mal, ok. Wir lösen keine Begeisterungsstürme aus, unsere Texte klingen noch ein wenig hölzern und auswendig gelernt, aber im Großen und Ganzen funktioniert es. O-Ton des Prinzenführers: „Nach dem ersten Tag wisst ihr, ob ihr ankommt oder ob wir Sonntag Krisensitzung haben..." Na dann...

Im Vorfeld habe ich für jeden Veranstaltungstypus Reden konzipiert. So müssten wir eigentlich optimal vorbereitet sein, ob Senioren-, Damen-, Herren-, Kinder-, Kostüm- oder Prunksitzung. Oder eben für Firmenveranstaltungen. Zunächst halte ich mich immer streng an mein Konzept, die Redeparts haben wir aufgeteilt. Aber mit zunehmender Routine bediene ich mich immer freier aus den einzelnen Schubladen, improvisiere oder versuche Aktuelles einzubeziehen.

Weiterhin bemühen wir uns, stets etwas Persönliches beizusteuern. So kann ich bei unserem Besuch im Karnevalskaufhaus davon berichten, dass Herr Deiters Senior bis ins hohe Alter im eigenen Geschäft aktiv ist und so ein paar Wochen zuvor meiner Frau zur Hilfe eilte. Denn meine Töchter streben angesichts des unerwarteten deitrischen Kostüm-El-Dorados in drei verschiedene Richtungen auseinander und lassen meine Frau hilflos in der Mitte zurück. Von wegen Multitasking!

Sogleich eilt ein engagierter Herr herbei, seines Zeichens Deiters Senior, und bietet Hilfe an. Meine Mittlere ist dank seiner Unterstützung und ihrer Vorliebe für Rosa schnell ausfindig zu machen. „Du bist aber eine hübsche Prinzessin", stellt der Senior fest. „Ja und mein Papa ist der Prinz", protzt meine Griet.

„Natürlich, mein liebes Kind", tätschelt er ihr liebevoll den Kopf. Eine Phantasie haben diese Kinder!

Brauhaus Kääzmanns und Volksproklamation

Als Nächstes steht ein kleiner Kneipenauftritt in Bickendorf an, nichts Großes, aber etwas Besonderes. Ich nehme allen Mut zusammen und versuche mein erstes A-Capella- Mundharmonika-Solo. Diesmal spiele ich alle Strophen von „Mer schenken dä Ahl e paar Blömcher". Die Stimmung ist genial, und Michi bekommt ein erstes Gespür dafür, wie warm es unter seinem Ornat ist... Sauna pur! Und das ab jetzt Minimum zwölf Stunden am Tag. Schweißgebadet und bestens gelaunt springen wir in die Autos und fliegen in Kolonne gen Neumarkt.

Auch auf diesen Termin habe ich mich im Vorfeld sehr gefreut: Volksproklamation im Festzelt auf dem Neumarkt. Was wird da wohl abgehen? Wird man uns nochmal hochleben lassen – so wie gestern? Ich habe mich intensiv vorbereitet, um den Jecken die Ehre zu erweisen, denen es nicht möglich war, exklusive Pripro-Karten zu ergattern. Endlich „normale" Leute nach all den Anzugträgern.

Deshalb wundere ich mich, als Equipe-Chef Manfred Block der Prinzenwache plötzlich klare Anweisungen erteilt: „Jeweils vier Gardisten um Prinz, Bauer und Jungfrau. Weicht ihnen nicht von der Seite!" Nanu, was geht denn hier ab? Als wir den Saal betreten, wird mir klar, warum die Equipe in Alarmbereitschaft ist: Die Gäste sind ausgelassen und übermütig, ein großer Teil von ihnen stark alkoholisiert. Auf dem Weg zur Bühne zerren einige an unseren Ornaten, jemand versucht Michi eine Feder aus dem Hut zu reißen, unserer Rede folgt niemand. So kann eine Veranstaltung also ausarten – als Gesellschaft hat man leider nicht immer Einfluss auf seine Gäste. Aber unser Volksfest ist doch wirklich mehr als das. Nein, mit Proklamation hat das hier nichts zu tun.

Track 17

Im Verlauf des weiteren Tages probieren wir unser Repertoire durch. Das Dreijesteensleed, unser Medley aus alten Klassikern, und Michi haut seinen Song „Wenn ich ne kölsche Jung wör" raus, als hätte er nie etwas anderes getan. Sage und schreibe 17 Tracks umfasst unsere Auftritts-CD. Es darf sich herumsprechen, dass wir flexibel sind. Und die harte Vorbereitung zahlt sich aus. Wir merken schnell: Es funktioniert. Unser Medley aus alten Klassikern kommt am besten an.

Zwischendurch bringen wir immer wieder A-Capalla-Mundharmonika-Soli. Die „Harp", wie der Mundharmonikaspieler sein Instrument nennt, entpuppt sich als Geschenk. Manchmal sogar als Rettungsanker, denn sie macht es uns möglich, individuell und spontan auf jede Situation zu reagieren. Ein Geburtstagsständchen für den Sitzungspräsidenten hier, eine Strophe für das Ömchen auf der Straße, die um ein Bützchen bittet. Das ist tausendmal besser als simple Worte – und überbrückt jede unangenehme Redepause. Und wie sehr sich die Menschen über ein selbstgespieltes Lied freuen. Einfach schön!

Wir performen alle Titel unserer Auftritts-CD durch. Alle, bis auf einen. Michi ist knatschig auf Sascha und mich, dass uns bis zuletzt der Mut fehlt, „Track 17" zu probieren: „Atemlos durch die Nacht", eigens von Michi in der Badewanne auf „Atemlos durch Kölle" umgedichtet.

Unseren ersten Auftrittstag runden wir mit einem „Heimspiel" bei der Prinzen-Garde ab. Wir hatten heute die bunte Palette: von der Firmenveranstaltung über Seniorenheime, Kostümsitzung, eine Veranstaltung mit überwiegend behinderten Menschen, die vermeintliche Volksproklamation, Prunksitzungen, verschiedene kleine Empfänge, einmal querbeet. Überglücklich und todmüde fallen wir mit der beruhigenden Gewissheit ins Bett: Keine Krisensitzung am Sonntag nötig!

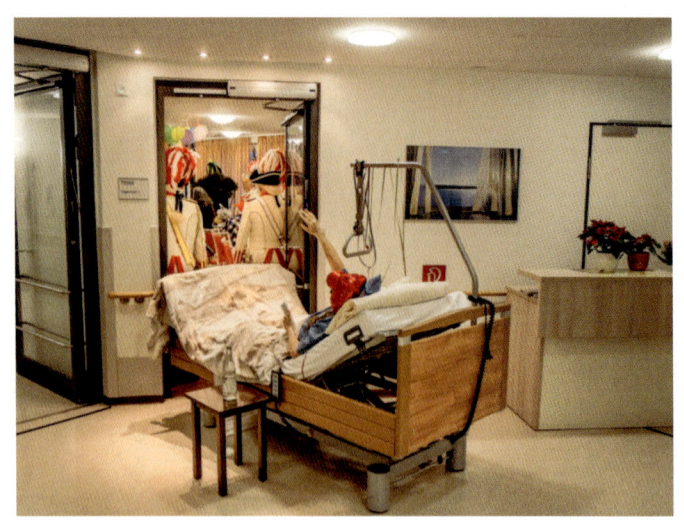

Wie Karneval richtig geht...

Hühner oder „kölsche Wiever"

Der zweite Tag beginnt mit einer Damensitzung – so viele Hühner auf einem Haufen können einen durchaus etwas aus der Fassung bringen. Und eins muss ich euch mal sagen, liebe Herren: Von der Stimmung, die auf einer Damensitzung nachmittags um drei herrscht, könnt ihr euch noch 'ne dicke Scheibe abschneiden.

Nachdem unser Konzept auch bei den kölschen Wievern aufgeht, gewinnen wir von Auftritt zu Auftritt mehr Routine und Selbstsicherheit. Ich muss schmunzeln, wenn ich Bilder von uns betrachte. In den ersten Tagen finde ich uns noch etwas schüchtern im hinteren Bühnendrittel, von Tag zu Tag arbeiten wir uns näher zum Bühnenrand vor, und zum Ende der Session finde ich mich auf einem Tisch stehend mitten im Saal wieder.

Zum Ende der zweiten Woche verreckt mitten im Auftritt unsere Playback-CD. Also Singen und Mundharmonika-Spielen sind ja immer live, aber eben in Untermalung einer Playback-CD, die den einen oder anderen schiefen Ton überspielt. Das Orchester, das unsere Noten hat, setzt sofort ein und musiziert weiter. Ich bin irritiert und versuche abzubrechen, aber es ignoriert mich gründlich. Und wow! Es klappt besser und authentischer als mit der „blöden CD". Von da an spielen wir alles komplett live. So kann es uns auch Weiberfastnacht bei der großen WDR-Live-Veranstaltung nicht kratzen, dass die Musikanlage gänzlich versagt. Wir spielen a capella. Solange der Kölner seine Lieder mitsingen kann, ist er eh rundum glücklich.

Musik als Tor zur Erinnerung

Auf der Proklamation haben wir die Behauptung aufgestellt, Karneval sei lebenswichtig. Wie wahr diese These ist, sollen wir drei im Laufe der Session am eigenen Leib erfahren.

Dabei stellen sich Termine als wertvoll heraus, die ich beim Durchblättern unseres Auftrittsbuchs, ehrlich gesagt, mehr unter Pflichtveranstaltung verbucht hatte. So darf ich einige meiner schönsten Erlebnisse insbesondere da sammeln, wo ich es am wenigsten erwartet hätte, nämlich in den Seniorenheimen unserer Stadt. Ich kann mich nicht sattsehen an den Ömchen in ihren liebevoll gestalteten Kostümen und versuche den jungen Mann hinter dem Opa

mit der überdimensionierten Fliege zu sehen. Welche Erinnerungen hegt er an Karneval? Hat er seine große Liebe auch im Fasteleer gefunden?

Immer wieder treffen wir in Seniorenwohnheimen auf bettlägerige Bewohner, die von den Pflegerinnen und Pflegern liebevoll kostümiert wurden. Das ganze Heim fiebert dem Besuch des Dreigestirns entgegen: „Der Besuch des Dreigestirns ist unser Höhepunkt des Jahres", grüßt die Heimleitung. Alle freuen sich auf das gemeinsame Feiern und auf die Abwechslung vom Alltag.

Manchmal fällt es mir nicht leicht, in die teils abwesenden Gesichter zu schauen. Ein Mann versucht seine offensichtlich verwirrte Ehefrau zu besänftigen. Sie schreit. Ein adretter Herr in Karoanzug und Hütchen macht unter sich. Wie viel von uns bekommen sie noch mit?

Wenn ich die Mundharmonika auspacke, erwachen viele aus ihrer scheinbaren Lethargie. Die alten Texte und Lieder sind den meisten geläufig. Es wird mitgesungen und geklatscht. Die Gesichter erhellen sich, viele Augen füllen sich mit Tränen. Nichts transportiert Emotionen besser als Musik.

An einem Sonntag treffe ich auf die älteste noch lebende Kölnerin. 104 Jahre. In ihrem Gesicht kann ich nur erahnen, wie schön sie einmal war. Immer noch ist. Ich knie mich zu ihr. Sie wirkt abwesend, scheint mich gar nicht wahrzunehmen. Es ist mir ein Bedürfnis, ihr meine Ehre zu erweisen und ihr ein Lied auf der Mundharmonika zu spielen. Ich spiele ganz leise und direkt an ihrem Ohr. Plötzlich greift sie nach meinem Arm und umklammert mit ihren zerbrechlichen Fingern mein Ornat. Sie schaut mich an. Tränen laufen über ihre blasse Wange. Sie ist ganz bei mir. Sie lässt mich nicht mehr los. Ich spiele ein zweites Lied, dann muss ich mich vorsichtig aus ihrer Umklammerung lösen.

Ihre Pflegerin tritt leise zu mir und erklärt mir, dass die alte Dame kaum noch helle Momente hat. Außer wenn sie Karnevalsmusik hört. Die Musik als Tor zur Erinnerung? 104 Jahre. Was mag sie nur erlebt haben? Zwei Weltkriege, Liebe, Tod, Leid. Und Freude.

Wochen später ruft mich die Pflegerin an und lässt mir von der Familie der Dame ausrichten, wie sehr es sie gefreut hat, dass ihre liebe Mutter kurz vor ihrem Tod solche Freude empfunden hat. Welch großes Geschenk, dass unsere Senioren in der grauen Jahreszeit den Karneval haben und gemeinsam feiern und lachen.

König meiner Stadt

Im Auto muss ich noch lange an die Begegnung mit der alten Dame denken. Manchmal brauche ich einfach nur Ruhe nach einem Auftritt. Stille. Eine kurze Auszeit, bevor man sich auf die nächste Gesellschaft einstellt. Hier sitze ich mit meinem Adjutanten Marcus und unserem Fahrer Andreas. Die Wagen sind über Funk verbunden. Wir können zusammen schweigen oder Blödsinn quatschen.

Andreas fährt uns sicher von Termin zu Termin. Herrlich, unter dem Wappen unserer Stadt in Fahrzeugkolonne durch die Straßen zu fahren. Die Leute bleiben stehen, kleine Kinder winken, Fahrradfahrer springen ab, um noch schnell ein Foto von der stolzen Karawane zu machen. Vielleicht ist das so'n Männerding, aber ich find's einfach nur saucool.

Manchmal muss es sehr schnell gehen. Dann löst mein Adjutant mit geübter Hand mein Cape, und breitet es auf der Hutablage aus, und wir springen ins Auto. Er macht das immer mit einer Würde, jedes einzelne Mal. Selbst, wenn es schnell gehen muss, jede Handbewegung sitzt. Meine Frau macht mir Stress, weil wir uns nicht anschnallen und mitunter von Bühne Gürzenich bis Bühne Kölnarena sieben Minuten haben. Könnte ja das Ornat zerknittern. Die meiste Zeit läuft kölsche Musik rauf und runter. Cat Ballou, Kasalla, Miljö, Brings, Bläck Fööss…

Wenn ich ein Lied als Synonym für unsere Session benennen sollte, so ist das „Ich han dä Millowitsch jesinn" von Kuhl un de Gäng. Mein Lied. Vor den Auftritten in der Kölnarena beschalle ich mich lautstark mit „Ich bin der König meiner Stadt" von Cat Ballou – mit irgendwas Größenwahnsinnigem muss man sich ja motivieren, wenn man als Bühnenlaie plötzlich vor 10 000 Jecken sprechen soll. Ich kann Ihnen sagen, da geht einem die Düse.

Alkohol zum Frühstück

Gefühlt trinken wir wenig. Zu gewaltig ist der Druck, auf den Punkt vorbereitet zu sein. Aber vor großen Auftritten brauche ich einen Sekt, um eine gewisse Lockerheit zu erreichen. Das läppert sich zusammen, auch wenn der Alkohol vom Adrenalin nach dem Auftritt wie weggeblasen erscheint. Morgens bin ich zu nervös, um zu frühstücken, und kippe im Auto zwei, drei kleine „Grüne" auf nüchterne Magen. Ich bilde mir ein, dass ich das brauche, um warmzulaufen.

„Was trinkst du da, Papa?", fragt Marie.

„Äh, ähm, Waldmeistersirup?" Ob das auch noch als weiße Lüge durchgeht? Meine Frau kann ja nicht lügen, nur im weiße Lügen Schummeln ist sie 1a. Aber diese Lüge ist wohl eher giftgrün.

In unserem Gemeinschaftsraum, der 800, trinken wir dafür ziemlich gelb – es ist mir ein Rätsel, wie sich in Windeseile in ganz Köln verbreiten kann, dass wir nachts als Absacker Eierlikör trinken, und ich weiß auch bis heute nicht, wer das Sauzeug ursprünglich angeschleppt hat. In jedem Fall verbreitet sich der gelbe Ritus wie ein Lauffeuer und irgendwie bekommen wir nun ständig Eierlikör gereicht und flaschenweise als Geschenk, sodass die 800 bald mit jedem guten Fachhandel für Eierlikör mithalten kann.

Da gibt es übrigens ganz enorme Qualitätsunterschiede, und ich bevorzuge ja den Selbstgemachten von der Kölnarena-Oma, die seit Lebzeiten jede einzelne Lachende Kölnarena-Veranstaltung mitnimmt und immer an derselben Ecke sitzt. Das ist Hardcore. Wahrscheinlich übersteht man das nur mit Eierlikör. Und ich bin sicher, das Rezept ist Minimum so alt wie die Lachende Sporthalle. Und dann bekommt man im Foyer stets das eine oder andere Kölsch gereicht... Es läppert sich also zusammen.

Nach der Session hab ich zwar keine Entzugserscheinungen, aber die Fastenzeit kommt nicht ungelegen. Nicht, dass ich so konsequent wäre, auf Süßigkeiten oder Fleisch zu verzichten. Und ich muss gestehen: Menschen, die nicht gerne essen und sich selbst kasteien, sind mir irgendwie suspekt. Wenn Michi seinen alljährlichen Nulldiät-Fastenquatsch macht, ist der auch total unlustig. Wer will schon ´nen spindeldürren Bauern? Aber den Alkoholkonsum schraube ich bis auf das gemütliche Gläschen Wein zum Essen wieder zurück. Prost.

Mir Kölsche

Während meine Frau und ich sonst die eine oder andere Sitzung unter der Session besuchen, bekomme ich vom diesjährigen Bühnenprogramm – logischerweise – nichts mit. Die Redner treffen wir vor den Auftritten und hinter der Bühne, aber ich höre nicht eine Rede. Dafür kann meine Frau die Rede von Martin Schopps auswendig mitsprechen und bietet sich an, bei Krankheit das Bühnenprogramm von Bernd Stelter zu übernehmen. Dennoch verlässt sie nicht einmal den Saal und rennt mit Begeisterung zu jeder Sitzung. Sie liebt Sitzungen. „So etwas Schönes haben wir nicht im Sauerland", sagt sie. Gute Musik, Lachen und fröhliche Menschen. Was will man mehr?

Ich erinnere mich an eine Sitzung zu Anfang unserer Kennenlernzeit. Sie stand plötzlich heulend und völlig aufgelöst neben mir.

„Mein Gott, was ist passiert?", frage ich bestürzt.

„Nichts", schluchzt sie schunkelnd vor sich hin. „Die Klo-Oma hat Liebelein zu mir gesagt."

„Jaaaa... äh, und?", frage ich etwas verstört. Hab ich jetzt was nicht ganz mitgekriegt? Ist die Klo-Oma dabei verstorben?

„Nein", schnieft sie laut ins Taschentuch und blinzelt mich durch ihre verlaufene Schminke an, „die sind alle so furchtbar nett." Hä? Dann erklärt sie mir, dass das Zusammenleben andernorts mehr von Missgunst als von Toleranz und Lebensfreude bestimmt wird.

Ja, mei, was macht ihr denn nur? Man kann sich das Leben auch schwer machen. Tut das doch nicht! Mit offenem Mund beobachtet sie, wie ein junger Gardetänzer einer Freundin ein Strüßje im Veedelszug überreicht und sie sich bei ihm mit einem Bützje bedankt. „Außerhalb von Köln undenkbar", meint sie. Und dass die jungen Herren der Stadt ihrem Schwarm einen Maibaum setzen und somit ihre Zuneigung offen gestehen, haut sie vollends aus den Socken.

Ähnliches Erstaunen beobachte ich bei unseren handballaffinen Freunden aus Flensburg, die wir wie selbstverständlich zum „Loss mer singe Konzert" von Björn Heuser ins Gaffel schleppen. Die Nordlichter wollen sich angesichts des gut gefüllten Raumes umdrehen und gehen, aber wir quetschen uns, wie das der Kölner halt so macht, einfach zu zwei älteren Herren an den Tisch und kommen sogleich ins Gespräch.

„Äh, kennt ihr die?!"

„Na, jetzt ja!"

Zunächst sind unsere Freunde irritiert, dass alle Anwesenden sich mit dem ersten Klang der Gitarre in den Armen liegen, schunkeln und textsicher eine nach der anderen Lobeshymne auf unsere Stadt abspulen. Aber dann finden sie mehr und mehr Gefallen an unserem – zugegeben etwas übersteigerten – Lokalpatriotismus und sprechen uns eine hohe Lebensqualität zu. So hab ich das nie betrachtet. Aber ja. Die Verbundenheit mit unserer kölschen Musik und der Liebe zu unserer Stadt, das ist was Besonderes. Da macht uns keiner so schnell was vor. O.k., in Sachen leicht übertriebenem Lokalpatriotismus auch nicht, aber das macht uns ja so liebenswert.

Wo wir wieder bei meiner Fleischfachverkäuferin wären. Ach ja, heute heult meine Frau übrigens nicht mehr auf Sitzungen, oder nur noch wenig, aber Sie müssen wissen, sie heult auch bei der Nivea-Werbung. Das ist also kein wirklicher Maßstab. Dafür behauptet sie aber, Kölle mache gesund. Ja, vielleicht ist da was dran. Der Karneval in jedem Fall. Und ich setzte ihr jedes Jahr einen Maibaum.

Lebenselixier Karneval

Apropos gesund. In der Philharmonie erleben wir die Karnevals-Altstars Ludwig Sebus und Jutta Gersten in einer erfrischenden Jugendlichkeit und Beschwingtheit, sodass man den Karneval dringend unter dem Aspekt Lebenselixier untersuchen sollte.

Und in einer kleinen Eckkneipe steht er plötzlich und unerwartet neben uns, das Idol meiner Jugend, der humoristische Teil des früheren Colonia Duetts.

Es ist eine dieser etwas zu gemütlichen Pausen, bei Kölsch und Frikadellen, nach denen du eigentlich reif fürs Bett bist. Am liebsten sind mir die Pausen und Frikadellen im Hähnche, bei Elke. Die macht uns die Frikadellen aus reinem Tatar, ein Gedicht. Sobald wir essen oder trinken, werden uns von der Adjutantur liebevoll überdimensionale und mit unseren Namen bestickte Lätzchen umgehängt. Da arbeitest du wochenlang an deiner Autorität und dann das...

Ich spiele, weil ich immer spiele, Mundharmonika. Und die ganze Kneipenmannschaft stimmt ein. Das geht auch mit Frikadelle im Mund. Und auf einmal hören wir, wie sich der zarte Klang einer „Flitsch" nähert. Der Held unserer Kindheit begleitet uns musikalisch. Noch während des Spielens bekomme ich glasige Augen. Und dann bittet er mich um ein Autogramm. ER! MICH! Welche Kraft doch dieses Ornat in dieser Stadt hat. Ein Autogramm vom Prinz Karneval bekommt er nur im Austausch gegen eins von ihm, was für mich viel mehr wert ist. Und zu Ehren seiner großen Persönlichkeit, dürfen wir ihm eine Prinzenspange anstecken. Danke, Hans Süper!

Das Beste am Karneval: die Pänz

Das überhaupt Beste am Karneval sind unsere Pänz. Ja, meine sowieso. Aber für die Pänz sind Prinz, Bauer und Jungfrau keine Rollen, die wir vorübergehend einnehmen. Das ist echt. Da bist du der leibhaftig gewordene Prinz aus dem Märchen. Zum ersten Mal bewusst wird mir das, als ich unsere Mittlere nach der Pressekonferenz in den Kindergarten bringe und ein kleines Mädchen mit offenem Mund auf dem Flur erstarrt und etwas zu laut zu ihrer Mama flüstert: „Mama, da ist er, der König von Kölle."

Seitdem erahne ich die Wirkung, die wir auf Kinder haben. Die ist im Ornat noch um ein Vielfaches größer. Bereits als ich meine erste Prinzenwache mit der Prinzen-Garde absolvierte, hatte der „Pinz" eine unglaubliche Anziehungskraft auf unsere kleine Marie mit ihren damals drei Jahren. Mit großen Augen beobachtete sie ganz genau, wie ich meine Uniform anlegte, und wartete im Schlafanzug hinterm Küchenfenster, bis der Prinzen-Garde-Bus mich zur Wache abholte.

„Hier, dein Schwert Papa", verkündete sie feierlich und reichte mir meinen Degen. „Mein Papa passt nämlich heute auf den ‚Pinz' auf", prahlte sie stolz. So heißt er bis heute bei uns – der „Pinz".

Strahlende Kinderaugen erwarten uns in Kindergärten und Schulen, darunter – natürlich – die Einrichtungen meiner Kinder. Denen fiebere ich ähnlich entgegen wie der Proklamation im Gürzenich. Nicht nur, um in erster Linie meine geliebten Töchter glücklich zu machen, sondern auch, um unserem Dorf und der Schule und der Kita für ihre große Unterstützung zu danken. Egal wen ich im Vorfeld treffe, alle fiebern mit und sind stolz. Und den Lehrern und Erziehern kann man auf diese Weise seine Dankbarkeit für ihre großartige Arbeit mit unseren Kindern erweisen.

Ich bereite mich auf die Termine bei den Pänz ebenso intensiv vor wie auf jeden Termin in den großen Sälen Kölns. Bei unserer Recherche lernen wir selbst noch viel über die kölsche Stadtgeschichte, die Aufgabenverteilung des Trifoliums, über Rückholbändchen am Prinzenornat und die Ehre, rote Schuhe tragen zu dürfen.

Aber Kinder sind ja so klasse. So bekommen wir statt der erhofften Antwort, dass „nur ein König und der Papst ermächtigt sind, rote Schuhe tragen zu dürfen",

natürlich erklärt, dass der einzig wahre, der rote Schuhe trägt, Lukas Podolski ist. Wie sollte es anders sein?

Ich erkläre den Kindern, dass ich seit dem ersten Schuljahr davon träume, dieses wunderschöne Ornat zu tragen.

„Sind das nicht die schönsten Schuhe, die man sich vorstellen kann?"

„Boh neeee, die sind echt kacke...", raunt es mir entgegen.

Kinder sind einfach gnadenlos ehrlich. Aber saubequem sind die Dinger! Dafür erkläre ich den Pänz, dass mir der Oberbürgermeister für die jecke Zeit die Gewalt über unsere schöne Stadt übertragen hat. Und weil das in Gänze natürlich nur ein maximal Drittklässler rafft, frage ich einfach: „So, wer ist jetzt der Bestimmer hier? Ich bin der Bestimmer!" Das verstehn se. Und das macht Eindruck.

Weiterhin ist es wichtig, wie der Prinz auf die Toilette geht. Dann erklär ich ihnen, dass mich mein Adjutant morgens an- und abends auszieht und ich ihn zudem mit auf die Toilette nehmen muss. Das schweißt zusammen. Und dass ich ein einziges kostbares Ornat habe und der dezent wirkende Mann hinter mir zur Furie wird, wenn jemand mit kleinen Dreckpfoten an mir rumgrabbelt.

Seltsamerweise stellen die Kinder nie in Frage, dass Jungfrau Alexandra ein Mann ist. Gelernt ist gelernt. Sascha erklärt den Kindern liebevoll, dass man mit einem Spiegel herrlich Grimassen schneiden kann und probiert das mit den Kids direkt aus. Im Karneval geht es schließlich darum, auch herzlich über sich selbst lachen zu können und sich den Spiegel vorzuhalten. Oder einfach nur Spaß zu haben.

Die Pänz bewundern das prachtvolle Ornat der Jungfrau und erkennen in ihrer so genannten „Mauerkrone" unsere Stadtmauer. Eben diese soll der staatse Boor beschützen. Auf seine Frage, wie er wohl die Bösewichte aus unserer Stadt vertreibt, platzt es aus einem Jungen, der seit Beginn seinen Blick nicht von Michis Statur wenden kann, wie aus der Pistole geschossen heraus: „Du frisst sie auf!" Ich breche fast zusammen vor Lachen und falle meinem großen Freund um den Hals. Ja, Köln war wirklich noch nie so sicher. Ein kleiner Cowboy hingegen vermutet: „Du schließt ihn ab, den Bauernhof." Kinder sind einfach spitze.

Die Kinder haben sich in der Regel gut auf unsere Besuche vorbereitet: Die Einrichtungen sind aufwändig geschmückt, und alle sind liebevoll kostümiert. Die Pänz singen für uns, halten kleine Büttenreden, tanzen und haben die traditionellen Lieder eingeübt, mit denen Prinz, Bauer und Jungfrau begrüßt werden. Im Kindergarten meiner Tochter empfängt uns ein Dreigestirn in Mini-Ausgabe in selbstgenähten Kostümen. Eine ganze Grundschule ist komplett in Rut-Wieß gekleidet, und die Kinder wedeln mit kleinen Fähnchen.

Unsere Pänz liefern uns nicht nur unvergessliche Momente, sondern auch einen Teil unseres Bühnenprogramms. Denn ich kann einfach nicht aufhören, von ihnen zu erzählen, wenn wir im Anschluss daran auf einer der großen Bühnen Kölns stehen – von den wundervollen Pänz in unserer Stadt. Und die Sitzungsgäste hängen an unseren Lippen und bitten um mehr Geschichten. Und am liebsten erzähle ich davon, dass Michi die Bösewichte auffrisst.

Zwischen Emotion und Party...

Julia

Dann muss ich den Menschen immer wieder von unserer Begegnung mit einer faszinierenden jungen Frau berichten: Julia Holler, 19 Jahre, bildschön. Ehemaliges Tanzmariechen bei der Großen Mülheimer KG. Und seit drei Jahren von heute auf morgen von Kopf an gelähmt. Wir besuchen sie zu Hause. Ganz ehrlich, ich bin zum ersten Mal unvorbereitet und habe eigentlich etwas anderes im Kopf: Unser erster Auftritt bei der Flittarder KG steht an. Ich freue mich wie ein kleines Kind auf dieses Heimspiel.

Am Morgen besprechen wir den Tagesablauf. Wer war das noch? Julia Holler? Dann kommt es mir wieder in den Sinn. Das Dreigestirn 2014 bat uns, den von ihnen ins Leben gerufenen Besuch bei Julias Familie zu wiederholen.

Klar, machen wir, selbstverständlich. Jetzt steht der Termin schwarz auf weiß in meinem Auftrittsbuch, und ich merke, wie mich eine leichte Beklemmung beschleicht. Von Kopf an gelähmt. Was heißt das? Kann sie sprechen? Und wie kommuniziere ich mit ihr? Wir sollen Freude versprühen, und sie sitzt im Rollstuhl? Ist das vereinbar? Tut ihr das nicht weh? Ich hab einen Kloß im Hals, als wir das schnuckelige Reihenhäuschen inmitten von Mülheim erreichen.

Von außen sieht es aus wie jedes Haus in dieser beschaulichen Siedlung. Innen aber ist alles rollstuhlgerecht ausgebaut. Nicht so einfach und vor allem teuer. Doch der Karneval hat Julia nicht vergessen. Mit dem Erlös aus einem Benefizkonzert konnte das Haus barrierefrei umgebaut werden.

Klingt einfach, ist es aber nicht. Alle Räume wurden umgekrempelt, Julias Zimmer gleicht einer kleinen Krankenstation, jeder Zentimeter im Haus ist ausgenutzt. Der Treppenlift ermöglicht es, ihr Zimmer zu erreichen, darf aber auch nicht kaputtgehen. An ihrem Bett hat sie eine Klingel, mit der ihre Eltern rund um die Uhr erreichbar sind.

„James", scherze ich.

„Ja", lacht ihr Vater, das trifft es ziemlich genau. Humor ist ganz wichtig, um den Alltag zu bewältigen. Morgens um 5.50 Uhr beginnt die Familie, Julia für die Schule vorzubereiten. Anziehen, waschen, frühstücken. Ich stelle es mir unendlich anstrengend vor, wüsste nicht, ob ich dieser Herausforderung gewachsen wäre. Aber wer die kleine Familie sieht, weiß ganz schnell: Hier lebt eine glückliche Familie. Immer wieder geht ihre Schwester zu ihr, küsst Julia beiläufig. Ich denke an meine Zankhähne zu Hause.

„Streitet ihr nie?", frage ich.

„Früher haben wir uns gekloppt, wie die Kesselflicker", antwortet Julias Schwester Carmen. „Aber heute sind wir ein Herz und eine Seele." Sie haben unendlich viel verloren. Und so viel gewonnen.

Julia selbst kommuniziert über einen Sprachcomputer, den sie mit den Augen bedient. Tobi heißt der. Wenn ihr Vater vorschnell für sie antworten will, springt Carmen ein: „Lass sie antworten, Papa!"

Julia ist bemerkenswert autark in ihrer Bewegungslosigkeit. Darf man das so sagen? Der Kopf ist voll da. Ihre Familie tut alles dafür, ihre Selbstständigkeit zu fördern, ihr schöne Momente zu schenken. Und Julia lebt für den Karneval. Ich spiele ihr einige Lieder auf der Mundharmonika. Ihre Augen lachen. Tobi übermittelt: „Danke!" Man braucht gar nicht so viele Worte, um zu kommunizieren. Und ich bin einmal mehr so dankbar für dieses kleine Instrument in meinen Händen.

Ich freue mich, Julia auf mehreren Sitzungen zu treffen. Sie genießt die Abwechslung, lacht gerne, liebt kölsche Musik. Über Facebook und eine eigene Website teilt sie ihre Eindrücke mit ihren Freunden. Morgens weckt sie mich mit einer SMS. Immer ist sie positiv. Woher nimmt sie nur die Kraft? Ich bin nicht der positivste Mensch, neige dazu zu nörgeln, alles zu pessimistisch zu sehen. Und wenn ich erschöpft bin, kaum mehr Energie habe, dann denke ich an sie und erzähle den Menschen von ihr. Sie würde den Moment leben. Ich versuche mir das einzubrennen. Genieße den Augenblick! Wer weiß, was kommt?

Aber wie viel von diesen schlauen Vorsätzen kann man in den Alltag retten? Der EXPRESS bringt ein Interview mit ihr. „Et kütt wie et kütt", sagt sie. Ich bin beschämt. Da zwickt der Rücken und der Kopf macht ping, und dieses junge hübsche Ding sagt, et kütt wie et kütt. Gab es keine Zeit des Haderns? „Die ist vorbei, man muss aus allem das Beste machen." Mein Gott, dieses Mädchen ist so viel schlauer als wir.

Heimspiel Mülheimer Stadthalle

Der Weg von Julia zur Mülheimer Stadthalle ist kurz. Zu kurz, um so kraftvolle Eindrücke zu verarbeiten. Während der gesamten sechs Wochen träume ich nicht, ich weiß nicht warum. Vielleicht sind es zu viele Eindrücke, um sie alle zu verarbeiten. Es wird Wochen und Monate dauern, das alles zu verstehen.

Wir fahren vor. Es war ein schöner Besuch, positiv, eine wirklich glückliche Familie. Mit einem unendlich schweren Schicksal. Sie wissen sich zu schätzen. Ihr pures Zusammensein. Ich rufe meine Frau an: „Sag den Kinder, dass ich sie liebe. Ich komme heute Abend."

Die ersten umringen die Wagen. Lächeln. Ich bin nicht bereit. Eine Welle trägt uns ins Foyer. Und dann sind sie einfach nur alle da: unsere Flittarder KG. Wir werden durchs halbe Foyer geknuddelt. Und es tut einfach nur gut, sie alle zu sehen. Ganz Flittard muss wie leergefegt sein. Ich weiß nicht, wann ich mich zuletzt so willkommen gefühlt habe. Ich sauge Kraft aus jeder Umarmung. Eine Welle der Sympathie trägt uns auf die Bühne. Henry bittet unsere Frauen zu uns. Und dann beginnt es, unser Heimspiel in Rot-Weiß-Grün.

„Es grüßt euch von ganzem Herzen das Kölner Dreige... ach Quatsch – das Dreigestirn der Flittarder KG von 1934?"
„eeeeeeeee VVVVVVVVVV", brüllt der ganze Saal.

Der Termin ist für 20 Minuten anberaumt. Eine volle Stunde bleiben wir auf der Bühne. Sie lassen uns einfach nicht gehen. Und wir wollen auch nicht. Prinzenführer „Mister Minute" sieht das ein und verschwindet hinter der Bühne. Das hätte ich ihm nicht zugetraut – unser überkorrekter Prinzenführer sagt den Folgetermin ab, damit wir länger bleiben können. Ich bin sprachlos. Und wir rocken ab. Lied um Lied. Es ist einfach nur wunderschön. Irgendwann müssen wir uns verabschieden und fallen erschöpft zurück in die Autos.

Geruchsentwicklung

Abends bin ich platt wie ein Brötchen. Ich lasse mich brav und beseelt von meinem Adjutanten entkleiden. Während er wie jeden Abend und gänzlich zustandsunabhängig mein Ornat mit einer Sorgfalt aufhängt, dass es einem Ritus gleichkommt, greife ich nach meinem Haustürschlüssel.

Anfänglich habe ich versucht, meinem Adjutanten diese Arbeit abzunehmen. War mir irgendwie unangenehm, dass er das für mich tut. Aber darauf reagiert er etwas allergisch. Und ich inzwischen auch. Irgendwie hat es was von einem feierlichen Ritual. Ornat anziehen und ausziehen. Selbst wenn meine Frau bei mir übernachtet, überlasse ich es Marcus, mein Ornat zuzuknöpfen. Das obliegt irgendwie nur ihm.

Bevor er es sorgfältig auf dem Bügel drapiert, sprüht er es mit Febreze aus. Na gut, das Febreze ist jetzt weniger feierlich, und meine Frau meint, ich kriege Hautkrebs von der ganzen Chemie, aber die Ornate werden nur einmal pro Woche gereinigt, und wir geraten allesamt doch das eine oder andere Mal im Scheinwerferlicht gehörig ins Schwitzen.

Michis Ornat ist abends so nassgeschwitzt, dass er Mühe hat, es am offenen Fenster über Nacht zu trocknen. Da auch ich bei geöffnetem Fenster schlafe, herrscht auf dem 800er Flur ein pfeifender Luftzug wie im Windkanal. Die Handschuhe des Bauern lassen sich überhaupt nicht reinigen. Ihr Eigengeruch versetzt mich zurück in Skaterzeiten, bei denen ich mir mehrere Armbrüche zuzog und ähnlicher Geruch aus meinen Gipsverbänden entwich. Nach sechs Wochen freier Geruchsentwicklung eignen sich Michis Handschuhe glatt, um einen ausgewachsenen Mann auszuknocken.

„Bin morgen zeitig zurück", rufe ich noch und flitze durch die Tür. Ich schleiche mich über den Lieferantenaufzug zur Hintertür und halte das nächste Taxi an, das in die Hofburg einbiegen will. Der arabische Fahrer fragt mich, ob ich so gänzlich unverkleidet aus der Hofburg kommend, denn gar keinen Karneval feiere. „Äh, doch, ein wenig", schmunzle ich und lasse mich in den Sitz sinken.

So spät in der Nacht rechnet niemand mehr mit mir zu Hause. Ich schleiche mich in das dunkle Haus und sauge den vertrauten Geruch ein. Erstmal an den Kühlschrank. Ich liebe es, nachts die Wurstdose zu plündern. Dann ab ins Badezimmer und ein Bad einlassen. In der Zwischenzeit mache ich das, was ich sonst in umgekehrter Richtung praktiziere: Während ich für gewöhnlich die unter unsere Bettdecke krabbelnden Kinder in regelmäßigen Abständen zurück in ihre Betten verteile, sammle ich sie heute der Größe nach ein.

Zuerst taste ich im Dunkeln nach der Ältesten. Mein Gott, das kann doch nicht mein kleines Mädchen sein. Ist sie während meiner kurzen Abwesenheit explodiert? Ich hieve sie samt ihrem Kuscheltier in unser Bett. Dann hole ich die Mittlere und zum Schluss das Baby. Alle rein.

Meine Frau guckt nur fragend und verschlafen. Für sie gibt es eh nichts Schöneres als alle Mann zusammen. Wahrscheinlich ist das der Herdentrieb aus dem Sauerland. Nach meinem ausgiebigen Bad habe ich Mühe, ein Plätzchen zwischen all den kleinen Körpern zu finden. Aber das ist genau das, was ich heute brauche. Ich möchte sie einfach alle nur festhalten.

Toilettengeschichten

Am nächsten Morgen muss ich zeitig zurück in die Hofburg. Elf Termine stehen an. Obwohl die Nacht kurz und die Anzahl der Füße in meinem Gesicht beachtlich war, fühle ich mich gestärkt und bin bester Laune. Meine Frau seltsamerweise nicht, das ist gar nicht ihre Art. Puh, kann die morgens gut gelaunt sein. Und sofort losquatschen. Von null auf hundert. Ich bringe maximal nach dem ersten Kaffee und Sportteil die ersten Fragmente hervor. Aber heute. Schlecht ist ihr. Elendig schlecht.

Oh je, das kenne ich, sie kotzt eigentlich nur, wenn sie schwanger ist. Sonst hat sie einen Magen wie eine Sauerländer Kuh – behauptet sie. Aber gerade sieht sie echt übel aus. Ganz grün ist sie im Gesicht. „Fahr ruhig", ruft sie noch, „ich hab nur was Falsches gegessen" und rennt ins Bad. Mpf. Ich muss leider los. Sascha hat mich schon als vermisst gemeldet.

Im Laufe des Tages erkundige ich mich mehrfach telefonisch nach ihrem Befinden. Aber anstatt dass es ihr besser geht, kotzen nach und nach alle anderen Mitglieder in und um unseren erweiterten Haushalt. Da es mir blendend geht, scheint mich Montezumas Rache verschont zu haben. Würde jetzt auch gar nicht passen. Am Abend trinke ich nach dem Essen einen Schnaps, altes Hausmittel von Oma, und schlafe selig ein.

Doch zu früh gefreut. Mitten in der Nacht werde ich schweißgebadet wach. Es geht mir so schlecht, dass mir im Bad schwarz vor Augen wird und ich kurzzeitig das Bewusstsein verliere. Am Morgen ist an Aufstehen nicht zu denken. Ich versuche es, aber keine Chance. Michi und Sascha beruhigen mich: „Wir schaffen das auch ohne dich, Junge." Ich lasse mich zurück in die Kissen fallen.

Etwas später kommt die hofeigene Ärztin. Sie legt mich an den Tropf, und ich möchte nicht wissen, was sie alles in mich reinpumpt. Auf meinem Tisch stehen sieben leere Ampullen. Aber saugut das Zeug. Ich schlafe. Später ruft der EXPRESS an und erkundigt sich nach meinem Befinden. Ich versichere, morgen wieder an Bord zu sein. Schließlich habe ich Medikamente intus wie ein Hochleistungs-Rennpferd.

Als ich zum zweiten Mal meine Augen aufschlage, sitzt meine Frau auf der Bettkante. Sie ist nicht mehr grün im Gesicht, dafür grinst sie wie ein Honigkuchenpferd.

„Schwanger?", frage ich. „Nein", schmunzelt sie weiter und hält mir ein EXPRESS-Plakat unter die Nase, was sie offensichtlich einem EXPRESS-Zeitungskasten entwendet hat. Magen-Darm-Grippe – prangt es in großen Lettern – Prinz Holger liegt flach. Ach du Schei... Jetzt ist ganz Köln über die Konsistenz meiner Körperausscheidungen informiert? Mir wird schlecht. Meine Frau lacht. Schon skurril, was plötzlich interessant zu sein scheint. Jetzt muss ich auch lachen. Meine Frau macht mir Mut, die Grippe sei heftig, aber schnell vorbei. Und angesichts der selbstgemachten Hühnersuppe von Oma, die sie aus ihrem Körbchen zaubert, werden neue Lebensgeister geweckt.

Karnevalistischer Tag im Sauerland

Heute steht einer meiner Wunschtermine auf dem Programm. Ich bin nicht fit, kann mich aber wieder auf den Beinen halten – außerdem fürchte ich weitere Informationen in den Medien über die Frequenz meines Stuhlgangs. Meine Frau schmollt, weil meine Waage – anders als ihre – drei Kilo weniger als am Vortag anzeigt. Und das Ornat sitzt merklich lockerer. Ab jetzt will ich keinen Tag meiner kostbaren Amtszeit mehr verpassen.

Allerdings bin ich nicht sicher, wie die Prinzenwache auf ihren heutigen Wachplan reagiert. Während den sonst zehn bis 18 Termine bei diversen Kölner Gesellschaften zieren, prangt heute ein ganz großer darauf: ein Besuch im karnevalistischen Ausland, in Menden im Sauerland. Oh je, die freuen sich sicher über 1 1/2 Stunden Busfahrt. Und wieder zurück. Aber die Stimmung auf der Fahrt ist grandios. Ich fühle mich noch etwas schwach auf den Beinen, freue mich aber auf die Famillich im Sauerland.

Jetzt denken Sie vielleicht, da erwartet uns eine Handvoll Leute. Weit gefehlt. Selbst wenn nur der erste Verwandtschaftsgrad aufschlägt, füllt dieser eine Schützenhalle. Um mangelnde Anteilnahme mache ich mir also keine Sorgen. Außerdem ist es nicht so, als würde der gemeine Sauerländer keinen Karneval feiern. Trotzdem ist Karneval nun nicht gleich Karneval, und der Sauerländer feiert aus Kölner Sicht rein stimmungsmäßig eher mit angezogener Handbremse.

Die Auffahrt zum Fachwerkhaus meines Schwiegervaters ist gesäumt von kleinen Fähnchen in Rut und Wieß. Es macht mich stolz, mit unserer Wagenkolonne vorzufahren. Mit glänzenden Augen schließt er mich in die Arme. Zusammen treten wir in das eigens aufgestellte Festzelt, denn die Sippschaft ist vollzählig angerückt.

Welch ein Helau. Die Freude ist riesengroß, und zu meinem Erstaunen fühlt sich auch unsere Equipe pudelwohl. Jeder einzelne ist umringt von einer kleinen Sauerländer Traube, und das Interesse an ihren Uniformen und ihrer Aufgabe als Prinzenwache ist groß. Da wird gezupft, betastet, Säbel präsentiert, und da werden Hüte probiert.

Auf der Agenda steht zudem ein Besuch im historischen Rathaus. Dort dürfen wir uns im Beisein des Bürgermeisters – kostümiert im knallroten Batman-

Outfit – ins Goldene Buch der Stadt Menden eintragen. Wann kommt man als Normalsterblicher schon mal zu einer solchen Ehre? Das Mendener Prinzenpaar ist mit von der Partie. Ich bin ganz schön stolz, hier unsere wundervolle Stadt zu vertreten. Dann singen wir unser Medley für die Mendener, und der ganze Rathausplatz schunkelt. Vielleicht hüpfen sie auch von einem Bein aufs andere, weil es so kalt ist. Aber nein, ich glaube, sie schunkeln.

Der Prinzenführer mahnt zum Aufbruch, wahrscheinlich ahnt er, dass eine Verabschiedungsprozedur etwas länger dauern kann.

Zu diesem Zeitpunkt ahnen wir nicht, dass wir uns zum letzten Mal von Onkel Winni verabschieden. Er war ohne Neid der Beste aus unserer großen Familie. 86 Jahre, fit wie ein Turnschuh, und hätte ich je bei „Wer wird Millionär" mitgespielt, wäre er mein Telefonjoker gewesen. O.k., er hätte 30 Minuten statt Sekunden für die Antwort benötigt, aber sie wäre ohne jeden Zweifel richtig gewesen. Am Tag nach unserem Besuch in Menden stürzt Onkel Winni auf Glatteis vor seiner Garage. Wenige Tage später erliegt er seinen Verletzungen. Aber er darf ohne Schmerzen und vor allem im Kreise seiner Lieben einschlafen. So stelle ich mir einen glücklichen Tod vor.

Ein glücklicher Tod. Zzzz. Kann man glücklich sterben? Und vor allem, kann man Karneval repräsentieren, während die Ehefrau ins Sauerland fährt und ihren geliebten Onkel beerdigt? Leben und Tod. Freude und Tränen. Lässt sich das irgendwie vereinen?

Einer unserer nächsten Termine sollte uns lehren, wie sehr.

Zauberkräfte von Märchenprinzen

Die Onkologie. Ich muss gestehen, dass ich nicht so gut bin im Umgang mit Krankheiten. Oder Tod. Wir werden von niemandem vorbereitet auf das, was uns in der Onkologie und vor allem in der Kinderonkologie erwartet. Insgesamt drei Besuche bei schwer krebserkrankten Kindern und Erwachsenen in der Uniklinik, im Kinderkrankenhaus Amsterdamer Straße und in der Palliativstation des Krankenhauses Merheim machen wir. Ein Mädchen auf der Kinderonkologie der Uniklinik erlebt dort ihr drittes Dreigestirn. Unvorstellbar.

Wie also geht man damit um? Wir können doch da nicht reinspazieren und so tun, als ob nichts wäre und gute Laune versprühen? Oder?

Wir können nicht nur, wir müssen sogar. Das wird uns schnell und durch Gespräche mit Müttern und Vätern der Kinder bewusst. Der Besuch des Dreigestirns ist kostbare Abwechslung. Ablenkung aus dem Klinikalltag. An etwas Anderes, etwas Fröhliches denken ist so unendlich wichtig. Sich auf etwas freuen, sich verkleiden. Und dafür sind wir da. Das ist unsere Aufgabe, die Patienten zum Lachen zu bringen. Und seltsamerweise fällt es gar nicht so schwer.

Wir musizieren und singen mit den kleinen Patienten. In dieser sterilen Welt erscheine ich mir selbst wie eine skurrile Figur aus einer etwas zu kitschigen Phantasiewelt. Vielleicht eine, in der es kleine Wunder gibt. Und wahrscheinlich brauchen einige der kleinen Patienten genau das.

Ein Mädchen schaut mich mit großen, glänzenden Augen an. Ihre Mutter erklärt mir, dass sie als Indianerin verkleidet ist, weil zu dem Kostüm eine Perücke mit langen, braunen Haaren gehört. Die Chemo hat ihre eigenen genommen. Ich spüre, wie Hilflosigkeit in mir aufsteigt. Die kleine Indianerin strahlt mich an. Vielleicht können die märchenhaften Figuren, die wir verkörpern, wirklich ein klein wenig Mut und Kraft schenken, an ein kleines Wunder zu glauben.

Mein Rettungsanker ist – wieder einmal – meine Mundharmonika. Dann kann ich jemandem ein Lied schenken, wenn mir in meiner Unbeholfenheit und Sprachlosigkeit die Worte fehlen.

Wir überreichen Stofftiere. Einige Kinder freuen sich sichtlich, andere sind so verschüchtert, dass sie die Geschenke gar nicht annehmen können.

142

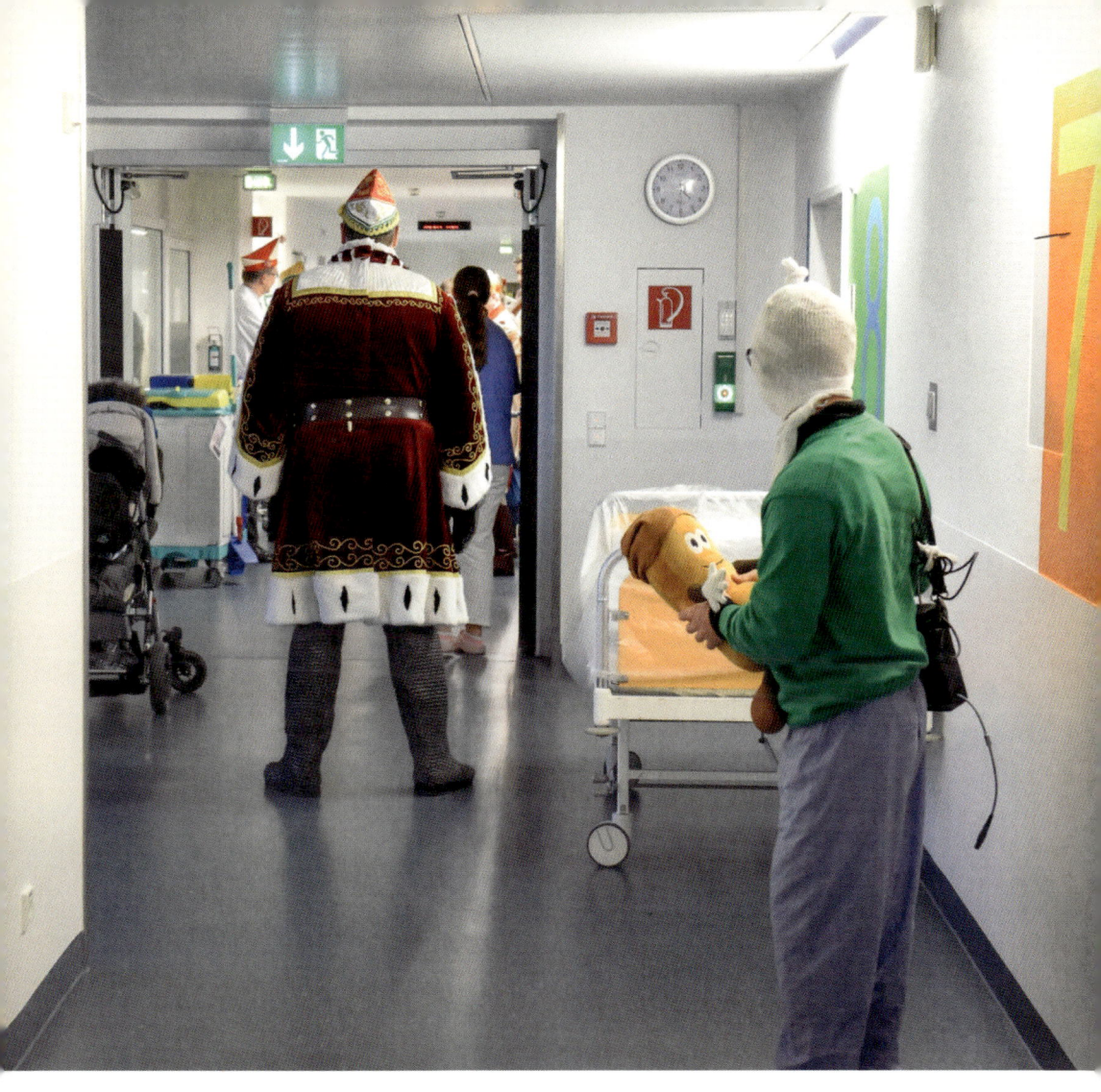

Ich stehe am Bett eines kleinen Jungen, dem ein Tumor aus dem Bauch entfernt wurde. Die Pressefotografen sind wie von Sinnen.

„Holger, dreh dich noch mal mit dem Kind hier rüber!"
„Nein, nimm den Jungen auf den Arm!"
„Ein bisschen höher!"
Ich bitte darum, kein Blitzlicht zu benutzen... und trotzdem. Ein Blitzlichtgewitter bricht auf uns ein. Der kleine Kerl ist verängstigt. Ich werde zum ersten und einzigen Mal in der Session richtig sauer.

„Hört sofort auf!", rufe ich und verdecke den Kleinen. Ich bitte die Presse umgehend den Raum zu verlassen. Ich entschuldige mich bei seiner Mutter und versuche den Jungen ein wenig aufzumuntern. Jedes noch so kleine Kind kennt et Trömmelche-Leed. Er beruhigt sich langsam und drückt sein Gesicht in einen dicken Teddy.

„Hey, versprichst Du mir was?", frage ich ihn beim Rausgehen. „In der nächsten Session stehst du am Straßenrand und jubelst dem nächsten Prinzen zu, o.k.?" Ich trete aus dem Zimmer und suche den Blick meiner Freunde.

Michi ist in eine Umarmung mit einem mongoloiden Jungen versunken. Dem Kleinen wurde ein Kopftumor entfernt. Hätte nicht ein Schicksal gereicht für ein so kleines Leben? Der Junge ist vernarrt in unseren Bauern, er will ihn gar nicht mehr hergeben.

Sascha lässt sich mit Engelsgeduld von einem zarten, dunkelhäutigen Mädchen betasten. Sie scheint völlig versunken, als hätte sie einen kostbaren Schatz gefunden. Mit tellergroßen Augen und offenem Mund möchte die Kleine ihn immer wieder und wieder umarmen.

Ein Junge im Alter meiner Marie zupft an meinem Ärmel. Er wirkt etwas unruhig: „Kann ich auf deiner Mundharmonika spielen?" Ich reiche sie ihm. Er pustet mit all seiner Kraft in das Instrument, er hört gar nicht mehr auf und tanzt dabei auf seine eigene Art. Ich kann sie ihm unmöglich wieder abnehmen.

„Weißt du was, ich schenk sie dir", sage ich ihm im Verabschieden. Er dreht sich um und läuft trötend und hüpfend den Gang hinunter. O.k., die nächsten Auftritte dürften sich ohne Mundharmonika als schwierig gestalten, aber das ist gerade völlig egal.

Meine Frau fährt derweil ins Sauerland und wirft eine Prinzenspange in Onkel Winnis Grab. Karneval und Trauer. So eng beieinander. Und doch gehört beides irgendwie dazu und macht unsere Beziehungen durch ihre natürliche Vergänglichkeit so kostbar. Nach den Auftritten in der Onkologie klatschen wir uns nicht wie sonst euphorisiert ab, sondern verschwinden schweigend und in uns gekehrt in unseren Wagen. Ich weiß, dass Michi und Sascha jetzt das Gleiche tun. Bitte Gott, lass unsere Kinder niemals ernsthaft krank werden. Mit roten Augen steigen wir aus den Autos. Auf zum nächsten Auftritt – eine Mädchensitzung.

Strumpfhosen- und Mundharmonikaverschleiß

Ich habe nicht gezählt, wie viele Mundharmonikas ich in den sechs Wochen durchrocke. Sie geben plötzlich und unvorhersehbar ihren Geist auf und unvermittelt nur noch schräge Töne von sich. Das passiert – natürlich – meistens mitten im Auftritt. Die Durchschnitts-Lager-Feuermundharmonika ist einfach nicht für diese karnevalistische Extrembelastung geschaffen.

Also fährt meine Frau die ganze Stadt ab und kauft alle Mundharmonikavorräte in A und D-Dur auf, sodass ich stets einen kleinen Vorrat „Harps" mit mir rumschleppe. Zum Ende der Session blicke ich auf eine ansehnliche Zahl kaputtgespielter und durchgesabberter Instrumente, die ich meinen engsten Wegbegleitern zur Erinnerung an unsere gemeinsame Zeit schenke.

Außer durch die Musikfachgeschäfte Kölns jage ich meine Frau in den Ballettbedarf. Das kennt sie von unseren Mädchen. Aber wahrscheinlich hätte sie sich das mit der Hochzeit nochmal überlegt, hätte sie geahnt, dass ich sie jemals bitte, weiße Ballettstrumpfhosen für MICH zu besorgen. Vor der Session habe ich mich mit zwölf Strumpfhosen eingedeckt, die sie regelmäßig aus der Hofburg karrt, wäscht und bleicht.

Gegen Mitte der Session rufe ich sie an: „Schatz, die Strumpfhosen verlieren wirklich gänzlich ihre Spannkraft durch deine Wäsche", klage ich ihr am Telefon mein Leid. „Der Hoffriseur sagt, ich sehe aus wie ein Sack Muscheln. Ich brauche ganz dringend neue Strumpfhosen!"

Ich vernehme ein tiefes Seufzen am anderen Ende der Leitung. Aber schließlich habe ich jetzt Verständnis dafür, warum sie sich die Strumpfhose immer bis unter die Achseln zieht. „Und bitte ´ne Nummer größer, Schatz! Es gibt ja nichts Schlimmeres, als wenn der Zwickel im Schritt baumelt."

146

Wie bekifft

Nach einem Blick in mein Auftrittsbuch und fast 200 Auftritten ist sie plötzlich wieder da: Nervosität. Große Nervosität, um genau zu sein. Der erste Auftritt in der „Lachenden Kölnarena" steht an. Der erste von insgesamt elf. Die „Lachende" feiert in diesem Jahr ihr 50-jähriges Bestehen.

Im Backstage-Bereich hat das Arena-Management einen Snack für uns vorbereitet. Ich bekomme keinen Bissen herunter. Traditionell bildet das Dreigestirn die Anfangsnummer. Der Prinzenführer ruft schneller als erwartet zur Aufstellung.

Oh Gott, was wollte ich noch „verzälle"? Mein Hirn ist wie leergefegt, als wir die gut gefüllte Arena betreten. Eine fantastische Lasershow samt Feuerwerk begleitet uns zum Einmarsch. Wir machen einmal die große Runde durch den Innenraum bis zur Bühne. Die Kulisse ist atemberaubend.

Auf der Bühne werden wir von Wolfgang Nagel, einem unserer Lieblingssitzungspräsidenten, begrüßt. Er ruft zu einem dreifachen Alaaf auf. Die Resonanz aus dem Publikum ist... eher bescheiden. Aber Wolfgang bricht das Eis. Er erläutert, dass das kölsche „Alaaf" ein „Ausruf der Freude" sei, ersteres aber wohl eher einer Beileidsbekundung gleichkäme. Er bittet die Gäste um einen zweiten Versuch. Und diesmal brüllen uns 10.000 Jecke das wohl lauteste Alaaf der gesamten Session entgegen. Es haut uns fast die Hüte vom Kopf. Dann haben wir das Wort, und er überreicht mir das Mikro. Und es passiert genau das, wovon ich dachte, es längst abgelegt zu haben: Meine Hand zittert unkontrollierbar, und das Mikro wackelt wie Götterspeise.

„Ich dachte das sei weg", amüsiert sich Michi angesichts meiner Zuckungen. „Geht unserem kleinen Prinzen etwa gerade der Kackstift?"

„Das dachte ich auch", presse ich zitternd hervor. Verdammt, ich mache mir gleich in die Hose, wenn ich das nicht umgehend in den Griff kriege. Mir kommt eine spontane Idee: Also rufe ich nach der Begrüßung bloß „Habt ihr Bock zu feiern? Sollen wir zusammen singen?" ins Publikum.

„Jaaaaaaahhhh", brüllt es mir entgegen, dass ich schwören könnte, den Luftzug jetzt noch in meinem Gesicht zu spüren. 10 000 Menschen singen und schunkeln mit uns auf den Rängen und im gefüllten Innenraum. Auf dem gigantischen Videowürfel unter der Decke erkenne ich uns auf der Bühne. Wir rocken die Kölnarena. Wow!

Den kommenden zehn Auftritten in der Kölnarena sehen wir gelassen entgegen. Was bleibt, ist der Respekt vor dieser geilen Kulisse. Hier wollen die Leute feiern, bis der Arzt kommt. Und das Zittern hört nach und nach auch wieder auf.

An einem Abend überrascht mich meine Frau mit den Kindern und meiner Famillich aus den USA. Meine Schwester ist mit ihrem Mann und den Kindern aus Detroit eingereist, um ihren Bruder als Prinz zu erleben. Wir marschieren gerade in den Innenraum der Arena, da stehen sie da. Der Arena-Veranstalter signalisiert wild wedelnd, dass die Kinder nicht in den abgesperrten Bereich dürfen, aber sie ignorieren ihn gründlich. Und als mir meine Mäuse samt Nichte und Neffe aus Amerika in die Arme fallen, ist er so gerührt, dass er uns durchwinkt. Ich verteile die Kinder in Windeseile auf Bauer und Jungfrau, und ab geht es auf die Ehrenrunde durch die Arena. Meine kleine Grete in ihrer Tanzuniform platzt vor Stolz. Einen Arm stemmt sie in ihre kleine Hüfte, mit der anderen Hand winkt sie ins Publikum, als hätte sie nie etwas Anderes gemacht. Sie möchte so gern ein kleines Tanzmariechen werden wie ihre große Schwester.

Meine Nichte und mein Neffe aus den USA sind geflasht von der brodelnden Arena. Auch wir fühlen uns nach jedem Auftritt wie bekifft. Nicht, dass ich wüsste, wie das ist. Es ist eben eine Massenparty. Auch sie gehört zu unserem wunderbaren Fest. Und dennoch nehmen wir aus jedem Besuch im Kindergarten, jedem Auftritt im Altenheim mehr mit. Aber man darf auch mal läppsch sein. Kopf aus, Party an. Vielleicht ist es diese bunte Mischung, die den Karneval so farbenprächtig macht.

Leise Töne bei der Flüstersitzung

Aber es sind ganz bestimmt nicht die großen Veranstaltungen, die uns in besonderer Erinnerung bleiben. Manchmal sind es gerade die kleinen, leisen Momente, die einem besonders nahegehen.

Wie die Flüstersitzung der Blauen Funken. Ein tolles Sitzungsformat in der Flora, geleitet von meinem Amtsvorgänger, Ex-Prinz Björn Griesemann. Alle Bands spielen ohne Verstärker, und der Programmschwerpunkt liegt bei den Rednern. Es muss also nicht immer höher, weiter, besser sein.

Aber auch für die leisen Töne sind wir gewappnet. Es fällt mir fast schwer, die Stille im Saal nach unserem Auftritt zu unterbrechen und wieder zum Protokoll überzugehen. Aber Karneval darf auch mal melancholisch sein und zum Nachdenken anregen.

Vorbilder

Morgens, bevor ich in den Gemeinschaftsraum auf der „800" gehe, um die Zeitungen zu studieren und einen Kaffee zu trinken, schleiche ich mich vorbei an den zumeist offenen Zimmertüren meiner Mitstreiter, zücke meine Mundharmonika und rufe: „Ich kann euch ein Liedchen spielen."

Michi feuert dann gern sein Kopfkissen Richtung Zimmertür und flucht laut vor sich hin. Dabei können sich meine Begleiter nun wirklich nicht beklagen. So stößt mir „KT" auf dem Weg zum ersten Termin am Morgen den Ellenbogen in die Rippen: „Hey, Holger, häste ding Tröt dobei?"

„Ja klar, weißt du doch, immer!"

„Ich han Hunger, künnste ens jrad en de Bäckerei jon, eine spille un mir dofür en Croissant holle?"

Ein anderes Mal treffe ich nach dem Auftritt vor der Bühne auf einen kleinen, blonden Grafen Dracula. Das kleine Mädchen in dem Kostüm bittet uns um ein Autogramm, und ich schenke ihr dazu eine kleine Mundharmonika in Miniaturausführung. Die Dinger treiben meine Frau derweil zu Hause in den Wahnsinn. Wochen später steht die kleine Vampirin plötzlich wieder vor mir. Ich erkenne sie sofort wieder. Sie tritt auf mich zu und hält mir eine echte, blecherne Mundharmonika vor die Nase.

„Ich lerne das jetzt", sagt sie stolz, „kannst du meine unterschreiben?"

Ist das nicht irre? Also, dass Menschen Autogramme von uns wollen, ist ja schon verrückt, aber dass wir ein Kind dazu animiert haben, ein Instrument zu lernen, finde ich phänomenal.

Gipfeltreffen zwischen Düsseldorf und Köln

Höllischen Respekt habe ich vor dem Gipfeltreffen mit dem Düsseldorfer Prinzenpaar. Prinz Christian und Venetia Claudia sind redegewandt und echte Medienprofis. Beide sind Mitarbeiter eines Düsseldorfer Lokalsenders. Wie sollen wir uns dagegen behaupten?

Per Schiff kommen die Düsseldorfer nach Köln und legen vor unserer Altstadtkulisse an. Wir sind zu spät, es ist eiskalt und es schneit. Unser überkorrekter Prinzenführer frotzelt schon, die zwei könnten auf das Kölner Dreigestirn ruhig etwas warten. Aber die Verspätung ist dem Verkehr geschuldet.

Ein jeder kennt die Rivalität zwischen unseren beiden Städten. Nie kommt eine Begegnung zwischen Düsseldorfern und Kölnern ohne kleine Sticheleien aus. Die komplette Presse ist anwesend – Vertreter von Radio, Zeitungen, Fernsehen – und lauert auf unseren Schlagabtausch. Aber keiner traut sich so richtig.

Für die Fotos sollen wir die Pritschen tauschen. Bäh, ich will dieses Düsseldorfer Ding aber gar nicht in Händen halten. Das sieht total bescheuert aus, wie ein hölzernes Waschbrett. Also rücke ich nur widerwillig meine Pritsche raus und schimpfe: „Mach die bloß nicht kaputt!" Die Pressevertreter lachen.

Die Kälte zieht durch die dünnen Ledersohlen, und ich hüpfe von einem Bein aufs andere. Mein Blick wandert auf die Schuhe des Düsseldorfer Prinzen. Man kann ja über die Schuhe des Kölner Prinzen geteilter Meinung sein, aber die des Düsseldorfers sind wirklich zum Schießen. Ich fange an zu prusten: „Was hast du denn da auf deinen Schuhen? Sind das Bilderrahmen?" Die Presse amüsiert sich köstlich.

Dafür beklagt die hübsche Venetia, dass unsere Jungfrau ihr Konkurrenz in Sachen Schönheit machen könne... Nun, was soll ich sagen...?

Die Presse saugt jedes Wort unserer lockeren Unterhaltung auf, aber der Bann ist gebrochen. Das Prinzenpaar ist uns sympathisch. Als Gastgeschenk reicht es uns eine quietschgelbe Flasche „Killepitsch". Das Zeug schmeckt, wie es heißt.

Und dann bekomme ich das Mikrofon. Ich entscheide mich für etwas streng Objektives: „Herzlich willkommen in der schönsten Stadt Deutschlands! Wir freuen uns, die Nummer zwei unter den Karnevalshochburgen hier am Fuße des Kölner Domes begrüßen zu dürfen."

Da hab ich doch nur die Wahrheit gesagt, oder? Dann zücke ich meine Mundharmonika und widme den Gästen als Zeichen der Anerkennung ein Lied. Und hundert Düsseldorfer singen lauthals mit: „Wenn ich su an ming Heimat denke, un sin der Dom so für mir stonn, möch ich direk ob Heim an schwenke, ich mööch zo Fooß noh Kölle jon."

Ich finde die Liedauswahl sehr gelungen.

Lizenz zum Befummeln

Im Verlauf der Session besuchen wir unter anderem Sitzungen für Menschen mit körperlichen und geistigen Einschränkungen. Ich muss zu meiner Schande gestehen, dass ich im Umgang mit Menschen mit Behinderung häufig unbeholfen bin. Wir drei sind sehr aufgeregt.

Auf der Blindensitzung der „Muuzemändelcher" im Ostermann-Saal gestehe ich den Gästen, dass ihr Gehörsinn um ein Vielfaches besser ausgeprägt ist als der eines sehenden Sitzungsbesuchers. Und dass sie mir deshalb den einen oder anderen schiefen Ton meiner Mundharmonika und unseres Gesangs verzeihen mögen. Anschließend gibt Festkomitee-Präsident Markus Ritterbach den Anwesenden offiziell die „Lizenz zum Befummeln". Sprich, was sonst der Adjutantur die Zornesröte ins Gesicht treibt, ist hier ausdrücklich erwünscht: Wir begeben uns mitten unter die kostümierten Jecken und lassen unsere Ornate von Kopf bis Fuß betasten.

Unsere Hemmungen sind schnell verflogen. Oft geht das zarte Tasten in eine herzliche und liebevolle, gar innige Umarmung über. Darüber hinaus kann ich in den netten Gesprächen kaum unterscheiden, ob es sich um einen sehbehinderten Menschen oder seinen sehenden Begleiter handelt.

Ein kleiner Junge zieht mich zu seinem Tisch, er möchte ein paar Minuten mit mir alleine sein. Er erzählt, dass er heute Geburtstag hat und mich gerne zu seiner Feier am Abend einladen würde. Ich bin gerührt, stecke ihm eine Prinzenspange an und streichele über sein Gesicht. Dann muss ich mich verabschieden.

Auf der Benefizsitzung der Roten Funken in der Mülheimer Stadthalle werden wir von einer großen Anzahl Gäste mit geistiger Behinderung empfangen. Unserem Auftrittsbuch konnten wir im Vorfeld nicht entnehmen, um welche Art Benefiz-Veranstaltung es sich handelt. Dementsprechend sind wir überrascht und ein wenig eingeschüchtert, dass sich die liebevoll kostümierten Sitzungsbesucher beim Einmarsch unterhaken und uns auf die Bühne begleiten. Sie lassen uns während des gesamten Auftritts nicht mehr los. Ich bin etwas verunsichert, ganz im Gegenteil zu den gehandicapten Menschen. Ihre Herzlichkeit und ihr blindes Vertrauen in uns beeindruckt mich. Sie sind stolz, gemeinsam mit uns auf der Bühne zu stehen. Glück und Freude scheinen einfach keine Behinderung zu kennen.

Von Prinzenspangen und Bettlern

Prinzenessen

Das so genannte Prinzenessen sei einer der wichtigsten Termine der gesamten Session – so hieß es im Vorfeld. Vor kaum einer Veranstaltung hatte ich mehr Respekt. Alles, was im Karneval und in unserer Stadt Rang und Namen hat, ist geladen. Die Lokalitäten wechseln, aber die Köppe bleiben. Tatsächlich ertappe ich mich bei dem Gedanken, dass man wahrscheinlich hier mit einem Schlag den gesamten Kölner Mittelstand auslöschen könnte, und schiele nach dem Sicherheitspersonal. Nun habe ich in den letzten sechs Wochen gelernt, vor deutlich größeren Gruppen zu sprechen, und doch bin ich nervös und angespannt, vor so viel hochrangigen Persönlichkeiten zu stehen. Wie viele Prinzen vor mir haben sie schon reden hören? Kann man da überhaupt noch etwas Neues verzälle?

Also erzähle ich von unseren Erlebnissen, von dem, wie uns der Karneval verändert hat, und dass wir ihn erst jetzt richtig verstanden haben. Und wir erzählen von dem wohl beeindruckendsten Moment der gesamten Session.

Aber dazu muss ich kurz ausholen.

Wir haben inzwischen eine Art Hassliebe zu unserer Prinzenspange entwickelt. Wenn ich bedenke, mit wie viel Herzblut ich sie gezeichnet habe, freut es mich zu sehen, mit wie viel Stolz diejenigen sie tragen, die sie für ihre Verdienste im Karneval verliehen bekommen.

Aber dann gibt es da noch die Spezi „Prinzenspangenbettler". Jetzt muss ich es wirklich mal sagen: „Eine Prinzenspange wird verliehen! Man fragt nicht danach!"

Der gemeine Prinzenspangenbettler dagegen ist ungeniert und penetrant. Es gibt wohl nur einen noch größeren Fauxpas: die Prinzenspange auf Ebay zu verkaufen. Das gehört sich einfach nicht, obwohl in der Session damit gut 300 Euro erzielt werden können. Eine 100fache Wertsteigerung. Zugegeben, nicht schlecht. Es macht mich traurig, dass ein vermeintlich interessantes Gespräch schon im zweiten Satz die befürchtete Wendung nimmt und nur ein einziges Ziel hat: „Junge, tu se mir mal en Spängchen!" Dann fühle ich mich abgewertet, und der Fremdschämfaktor ist groß. Aber leider nur auf meiner Seite.

Die Kunst ist, immer höflich zu bleiben. Auch wenn völlig Fremde gänzlich ungeniert im ersten Satz danach betteln. So hechtet ein junger Spund gerade noch mit einem „Kann ich ne Spange?" in den Aufzug, bevor sich die Tür hinter ihm schließt. Er findet sich inmitten eines entkräfteten Dreigestirns plus Adjutantur und Prinzenführer und auf Blickhöhe von Michis breiter Brust wieder. Und dann entlädt sich kollektiv angesammelter Prinzenspangenfrust an dem armen Tropf: „Nein", brüllt es ihm aus sieben Mündern entgegen, deren anschließendes Schweigen er noch acht Stockwerke lang ertragen muss.

„Dem hab ich's aber gegeben?", frage ich stolz in die Runde, nachdem sich die Aufzugtür hinter uns geschlossen hat. „Klar", lacht mein Adjutant, der sich immer darüber aufregt, dass ich so schlecht „nein" sagen kann. „Mit sechs Mann im Rücken fühlste dich plötzlich stark!"

Ein anderes Mal tippt mir jemand auf die Schulter: „Kann ich dich mal was fragen?"

„Klar!", entgegne ich, „solange darin nicht das Wort ‚Prinzenspange' vorkommt."

„Aber ich bin doch dein alter Geschichtslehrer", entgegnet der Herr im Kostüm. Oh! War ja klar, da biste einmal frech und dann Fettnäpfchen.

Aber nun zurück zum schönsten Erlebnis unserer Session. An einem kalten, regnerischen Tag verlassen wir die Wolkenburg. Wir sind in leichtem Zeitverzug. Der Prinzenführer mahnt zur Eile. Da tritt ein Obdachloser auf mich zu. „Hier", sagt er und drückt mir zehn Euro in die Hand. „Für die armen Kinder, die ihr unterstützt!"

Ich starre auf den zerknitterten Schein in meiner Hand und schaue ihn entgeistert an. „Das kann ich doch nicht annehmen", versuche ich mehrfach, ihm den Schein zurückzugeben. Aber er nimmt das Geld nicht. „Ich hab davon in der Zeitung gelesen, das finde ich gut", erwidert er ruhig. Sein Mantel ist nass vom Regen.

„Wir müssen", ruft mein Adjutant und nimmt mir das Cape ab. Der erste Wagen setzt sich in Bewegung. Ich krame in dem kleinen Samttäschchen an meinem Ornat und fördere eine Prinzenspange zutage. „Hier", ich drücke ihm die Prinzenspange in die Hand. „Nimm die und verklopp sie auf Ebay", rufe ich ihm noch zu. Dass ich diesen Satz jemals sagen würde, hätte ich nie zu träumen gewagt. Im Auto starre ich immer noch auf den etwas verblichenen Schein in meiner Hand. Wann habe ich zuletzt einem Obdachlosen zehn Euro gegeben? Ich bin irgendwie beschämt. Und sprachlos.

Zurück zum Prinzenessen: Wir berühren die hochrangigen Zuhörer im Saal mit unseren Erzählungen. Vielleicht, weil wir das verkörpern, was uns alle verbindet. Die tiefe Liebe zu unserem wunderschönen Karneval.

Michi, Sascha und ich fallen uns in die Arme. Der komplette Saal steht. Damit ist die Session für uns gelaufen. Alle wichtigen Termine sind durch. Die restlichen drei Tage sind Schaulaufen. Belohnung für all die Anstrengungen, die hinter uns liegen.

„Zieht euch warm an", raune ich meinen Freunden zu. Denn das Festkomitee hat unserem Wunsch entsprochen, den wir drei zu Ende unserer Rede äußern: Einen Tag zusammen im Auto fahren! Denn, so seltsam das auch klingen mag, ich vermisse meine beiden besten Kumpel. In der Vorbereitungszeit haben wir viel Zeit zusammen verbracht. Und nun? Wir fahren in getrennten Wagen, und sobald wir diese verlassen, strömen begeisterte Karnevalisten auf uns ein. Für uns drei bleibt kaum eine Minute.

Auch in der Hofburg bleibt wenig Zeit für uns. Die gemeinsamen Stunden in der 800 gehen zugunsten von Vor- und Nachbesprechungen drauf. Das haben wir uns anders vorgestellt. Anfänglich hatten wir die naive Idee, dass wir sechseinhalb Wochen am Stück Party machen. So schleichen wir uns auch eines Abends heimlich zum Hinterausgang des Pullman Hotels und verstecken uns in der hinterletzten Ecke im Hähnchen, um in unserer Lieblingskneipe ein paar ungestörte Kölsch zu genießen. Und der Tag, an dem wir drei gemeinsam im Auto fahren dürfen, wird unser aller Lieblingstag.

Cristal Mett und die Mettbrötchendiät

Früher war die Hofburg ein Geheimtipp – hier trafen sich Karnevalisten nach den Sitzungen zu einem gemütlichen Absacker. Das ist heute leider nicht mehr so: Mittlerweile platzt die Bar aus allen Nähten, und die Zahl erheblich Alkoholisierter steigt stetig an.

Möglich auch, dass der Alkoholpegel der Uhrzeit geschuldet ist, zu der wir für gewöhnlich in der Hofburg aufschlagen. Die bereichernden Gespräche mit Karnevalisten möchte ich nicht schmälern. Aber eindeutig eindrucks- und geruchsintensiver bleiben die ungezählten Male, in denen mich ein Unbekannter unter seinen verschwitzen Arm klemmte und mir mit Frikadellen-Atem ein „Hömma, Jung, du bes ne supa Prinz" ins Ohr brüllte. Ich wusste gar nicht, wie viele enge Freunde ich habe.

Eines Abends passiert es dann – ich nenne es: mein „Cristall Mett"-Trauma. Nach einem harten Auftrittsmarathon betreten wir weit nach Mitternacht die gut gefüllte Bar des Pullman Hotels. Schon auf den ersten Metern fängt mich ein bierbäuchiger Typ im Western-Outfit ab und begrüßt mich, als hätten wir im Sandkasten Cowboy und Indianer gespielt.

„Holgaaaa!" Ein Spucke-Mettbrötchen-Regen geht auf mich nieder und irgendwas klatscht gegen meine Oberlippe. Und bleibt genau da liegen. Mit panisch geweiteten Augen drehe ich mich zu Michi und schreie ihn über die Musik hinweg mit leicht hysterischem Unterton an: „Was ist das da auf meiner Lippe?"

Michi studiert das weiße Bröckchen in meinem Gesicht eindeutig zu lange. „Mmmm... en Stück Zwiebel von nem Mettbrötchen?" Ich wische den glasigen, zerkauten Fetzen angeekelt aus meinem Gesicht, drehe mich auf der Hackenspitze um und verschwinde wieder im Aufzug Richtung Bett. Als Vater dreier Töchter ist man ja wirklich so einiges gewöhnt. Ich vernichte ohne zu zucken angekaute und durchgesabberte Essensreste meines DNA-ähnlichen Nachwuchses, und meine Frau behauptet: „Wenn wir den Papa nicht hätten, müssten wir uns ne Sau halten!"

Aber das ist eindeutig zu viel. Ich kriege jetzt noch Gänsehaut, wenn ich an den halb verdauten Zwiebelfetzen auf meiner Lippe denke und creme mich prophylaktisch zentimeterdick mit Herpes-Creme ein. Und für den Rest meines Lebens bekenne ich mich als Mettbrötchengeschädigter.

Ganz im Gegensatz zu meiner Frau. Die macht nach gefühlt sieben Jahren Dauerschwangerschaft und Mettabstinenz die Mettbrötchendiät – bestehend aus Mettbrötchen und Kaffee. Nur Mettbrötchen und Kaffee. Während ich mich zu ihrem persönlichen Ärger allabendlich durch unseren Süßigkeitenschrank über Chips zur Eiscreme durchfresse, muss sie nur an Schokolade denken, um diese anschließend auf der Waage wiederzufinden. Also ich find' das nicht schlimm – ich stehe auf Kurven. Aber sie schwört jetzt auf ihre Mettbrötchendiät und nimmt damit in fünf Wochen fünf Kilo ab.

Eindeutige Angebote

Es wäre gelogen, zu behaupten, es sei das Lieblingsgefühl meiner Frau, mich abends allein im Pullman zu wissen. Und mir fällt die Kinnlade runter, wie offensichtlich auch Frau eindeutige Angebote machen kann: Auf einer Sitzung drückt mir beim Einmarsch entlang dem Mittelgang eine Dame im 4711-Outfit mit den Worten „Ich küsse den Prinz jedes Jahr" unvermittelt ihre Zunge in den Hals. Ich bin so perplex, dass ich kaum reagieren kann, aber der Hoffriseur rettet mich und geht dazwischen: „Hey, du Leguan! Nimmst du wohl deine freche Zunge aus unserm Prinz!"

Dreigestirns-Vorgänger wissen davon zu berichten, dass sie Zimmerschlüssel zugesteckt bekommen. Oder ähnliche Accessoires. Oder dass ihnen Frau dreist zwischen die Beine greift. In der Bar des Pullman freue ich mich, unsere ehemalige Nachbarin zu treffen, Funkemariechen bei den Hellige Knäächte un Mägde. Ein Spinner fotografiert uns und ruft mir provokant zu: „Mal schauen, was der Express dazu sagt, Prinz Papa!" Vollidiot.

Apropos Pänz

Apropos Prinz Papa: Ich vermisse meine Kinder. Im Vorfeld hatten wir Sorge, wie insbesondere unsere Kleinsten die Session überstehen. Frida erlebt es mit ihrem gerade einmal einen Jahr am wenigsten bewusst. Aber morgens, wenn meine Frau mit den Kindern am Frühstückstisch den Papa in der Zeitung sucht, erkennt sie mich zielsicher und wirft ihren kleinen Speckarm zum „Alaaf" in die Luft.

Meine Frau schickt mir ein Handy-Video auf die „800": Frida macht, angelockt von Butterkeksen, ihre ersten Schritte. Und ich bekomme es nicht mit – das tut weh!

Um unsere Mittlere mit ihren drei Jahren habe ich mir die meisten Gedanken gemacht. Aber sie ist schlichtweg bester Laune, schmettert Karnevalsklassiker und wechselt die Kostüme wie ihre Ungerbotz. Unsere Marie knackt am meisten unter meiner Abwesenheit. Sie ist im Sommer in die Schule gekommen und während sich alle im Ausnahmezustand befinden, muss sie den geregelten Schulalltag aufrechterhalten. Kurz vor Schluss hat sie einen echten Durchhänger, ruft mich an und schluchzt in den Hörer: „Ich bin stinkesauer! Ich hab ein dickes Minus von meiner Lehrerin gekriegt, weil ich meine Arbeitsmaterialien verschlampt habe." Ich versuche sie zu trösten, schließlich weiß ich ziemlich genau, von wem sie das hat...

Die Adjutantur hat meiner Frau noch großspurig versprochen, mich in den sechs Wochen Männer-WG umzuerziehen, gibt mich aber nach der Session etwas resigniert und als hoffnungslosen Fall zurück.

„Schau, Mariechen", versuche ich etwas schuldbewusst zu trösten. „Die Mama hat ja schon so oft gesagt, dass wir ein wenig besser auf unsere Sachen achtgeben müssen. Jetzt hast du ein Minus bekommen und bist sauer auf dich." „Auf mich?", schimpft Marie wie ein Rohrspatz, „Ich bin doch nicht sauer auf mich! Meine Lehrerin hat mir doch das Minus gegeben! Auf die bin ich sauer!" Oh je, der Apfel fällt einfach nicht weit vom Stamm, ich weiß ziemlich genau, woher sie diesen Dickkopf hat. Meine Frau kommt an diesem Tag mit den Kindern in die Hofburg, und ich zeige meinen Pänz, wo der Papa gerade wohnt.

Unsere Ehefrauen Christina, Carola und Diane haben selbst an die 30 Termine zu bewältigen – teils mit uns, teils sind sie als Ehrengäste auf Sitzungen geladen und werden von der Gattin des Prinzenführers begleitet. Oft fangen die Veranstaltungen schon am frühen Nachmittag an. Dann kommt ein Wagen der Festkomiteeflotte und sammelt die Damen reihum ein, um sie nachts in umgekehrter Reihenfolge wieder auszusetzen. Der Chauffeurservice ist eine große Erleichterung.

Am Wochenende stehen durchaus mal zwei Sitzungen hintereinander an, und unsere Frauen übernachten mit im Hotel. Das Protokoll sieht vor, auf Fotos stets die Positionen der Männer einzunehmen – also Bauer links, Prinz Mitte,

Jungfrau rechts. Und noch Wochen später amüsieren sich unsere Damen auf privaten Grillfesten darüber, dass sie immer noch wie automatisch „richtig stehen". Auch sie genießen unsere Session und schlagen sich tapfer im Meer der Eitelkeiten.

Ab in den Puff?

Wo wir gerade von Eitelkeiten sprechen: Der Geschäftsführer des „Pascha", eines einschlägigen Kölner Etablissements mit regem Verkehr, ruft im EXPRESS eine Wette aus, dass er 25 000 Euro für unseren gemeinnützigen Verein „Laachende Hätze" spenden wolle, wenn das Dreigestirn auf seiner Mädchensitzung erscheine.

Meine Frau meint: „Bevor du da irgendwann hinfährst und Kohle hinbringst, hol sie lieber da ab!" Aber das geht als Prinz Papa und unserem religiösen Background natürlich nicht. Außerdem wollen wir uns nicht institutionalisieren lassen. Wenn man 25 000 Euro für notleidende Kinder zur Verfügung hat, sollte dies nicht an eine Bedingung geknüpft sein. Da sind uns die 2,50 Euro von der Oma nebenan lieber.

Karnevalssonntag

Straßenkarneval am Karnevalssonntag

Karnevalssonntag: Der letzte Auftrittstag. Wir frühstücken im Café Reichard, und diesmal kann ich essen. Überhaupt nehme ich in der Session wider Erwarten zu.

Zum letzten Mal betreten wir den Gürzenich. Zum letzten Mal empfängt uns das freundliche Pfortenpersonal, dessen Empfang uns im Laufe der Session zu einem lieb gewonnenen Ritual geworden ist. Das Foyer im Erdgeschoss ist voller Menschen. Ein Musikcorps tritt ein und spielt auf. Und die Menschen im Foyer und auf den Treppen und Balkonen über uns stimmen sogleich ein. Die Atmosphäre ist wundervoll.

Vor dem Saal fängt uns eine Reporterin ab. Wir haben während der Session ausschließlich positive Erfahrungen mit der Presse machen dürfen. Diesmal läuft es anders. Sie bittet uns, ihr kurz vor dem Auftritt ein Interview auf Englisch zu geben. Sascha absolviert seinen Part gewohnt souverän. Dann bin ich an der Reihe.

„Herr Kirsch, als Prinz im Kölner Dreigestirn haben Sie die Stadt für ein paar Wochen regiert, welche Tipps haben Sie nun für unsere Politiker? Irgendetwas müssen Sie ja schließlich gelernt haben in dieser Zeit!"

Ich bin perplex obgleich dieser Provokation und soll ihr auf Englisch antworten. Verärgert bitte ich Sie, mir etwas Zeit einzuräumen. Sie wendet sich Michi zu: „Herr Müller, als Bauer sollen Sie die Wehrhaftigkeit der Stadt verkörpern! Wie lässt sich das mit Ihrem lächerlichen Kostüm vereinen?"

Das hat sie nicht wirklich gefragt, oder?

Michi starrt sie an. Seine Augen verengen sich zu kleinen Schlitzen und an seinem Hals tritt eine Schlagader deutlich hervor. Ich sehe, wie er seine Faust noch etwas fester um seinen Dreschflegel schließt.

Oh-Ooohhh!

Das hätte sie besser nicht gesagt. Ganz ruhig, Brauner, die Tante will doch nur spielen. Aber der Drei-Meter-Mann mit Hut dreht sich nur schweigend ab und lässt sie verdutzt stehen.

„Ähm, dann nach dem Auftritt nochmal?", ruft uns die Reporterin etwas irritiert nach.

Wir ignorieren sie und brechen das Interview ab.

Die stimmungsvolle Familiensitzung der Großen Kölner unter Leitung von Präsident Joachim Wüst lässt uns die unangenehme Situation schnell vergessen. Kostümierte Kinder säumen den Treppenaufgang zur Jözenich-Bühne und nehmen auf den Stufen vor uns Platz.

Der Prinzenführer schaut auf seine Uhr und trommelt zum Aufbruch. Als wir gemütlich aus dem Gürzenich treten, biegen hinter uns die Schull- und Veedelszöch um die Kurve, die wir erstmals zusammen mit dem Kinderdreigestirn für ein paar Straßen anführen sollen. Ich bin einmal mehr verblüfft über dieses unglaubliche Timing.

Wir klatschen uns mit dem Kinderdreigestirn ab. Hut ab vor den dreien. Im Laufe der Session wachsen uns Prinz Julian, Bauer Jakob und Jungfrau Victoria sehr ans Herz. Im Café Schamong treffen wir uns zum Kakaotrinken und verabreden uns zum Vater-Kind-Zelten nach der Session – mit Kinderdreigestirn samt Vätern.

Wann immer wir die drei in den letzten Wochen auf der Bühne getroffen haben, haben wir ihnen den Vortritt gelassen. Mühe habe ich mir gegeben, ihre hübsche Choreographie mitzutanzen und schielte meiner Miniausgabe beim Klatschen auf die Hände. Prinz Julian ist deutlich taktsicherer. Die drei haben das fantastisch gemacht. Über hundert Auftritte absolvierte das Kinderdreigestirn unter der Leitung von Elisabeth Conin in bewundernswerter Disziplin.

Ob eine meiner Töchter auch einmal Kinder-Jungfrau werden wird? Mm, es könnte daran scheitern, dass sie stillstehen müssen…

Mit den Pänz setzen wir uns in Bewegung und bilden die Spitze der Schull- un Veedelszöch. Es ist berauschend, zu Fuß durch die Straßen zu laufen. Die Menschen jubeln uns zu. Nie wieder werde ich durch die Altstadtgassen laufen können, ohne an dieses Erlebnis zu denken.

Die fünfte Feder

Beim Sitzungsfinale bekomme ich sie: die fünfte Feder. Auf der letzten Sitzung der Session, unserem 421. Auftritt, überreicht uns stellvertretend für alle Präsidenten der Kölner Karnevalsgesellschaften der Sitzungspräsident der „Großen KG von 1823" eine fünfte Feder für die Prinzenmütze. Diese ist ein Zeichen des Dankes an das Dreigestirn für die geleistete Session.

Auf dem Weg in den Gürzenich blättere ich durch mein Auftrittsbuch. Marie hat unter den letzten Termin „Papa kommt heim" gekritzelt. Anfänglich konnte ich mir kaum vorstellen, dass wir je den 421. Auftritt erreichen, und jetzt sind wir auf dem Weg dorthin. Ein wenig Wehmut macht sich breit.

Dass etwas Besonderes in der Luft liegt, spüren wir, als wir den Gürzenich betreten. Der komplette Saal steht. Aber nicht nur zum Einzug. Auch während unserer Rede. Ich kann nicht aufhören, von unseren Erlebnissen zu erzählen, und die Gäste hängen an unseren Lippen. Man kann eine Stecknadel fallen hören.

Dann spielen wir unser Medley. Zum letzten Mal. Zu „Mer schenken d´r Ahl e paar Blömcher" mische ich mich unter die Gäste. Die Kamera fängt mich ein und projiziert mich – umringt von einer riesigen, singenden Menschentraube – auf die Leinwand über der Bühne. „Guck mal, guck mal", rufe ich Michi und Sascha zu und wedele wie wild mit den Armen. Dieses unfassbare Bild erlebe ich jetzt zum ersten Mal von „außen" – aus der Sicht eines Besuchers. Ich kriege Gänsehaut.

Für den nächsten Part muss ich zurück auf die Bühne. Als ich nach meinem zweiten Mundharmonika-Solo den Blick hebe, schießen mir Tränen in die Augen. Michi und Sascha haben sich unbemerkt an mir vorbei in den Saal geschlichen. Hand in Hand stehen sie im Mittelgang. Meine beiden besten Freunde singen „Do bes Kölle" und zeigen auf mich. Mir ist sofort bewusst, was sie sagen wollen: Die Rolle des Prinzen steht weit mehr im Fokus der Öffentlichkeit als die von Bauer und Jungfrau.

Wir wollten immer als drei gleichberechtigte Figuren im Kölner Dreigestirn wahrgenommen werden – als Freunde. Dennoch obliegt der Rolle des Prinzen ein weit höherer Redeanteil und damit sehr viel Vorbereitung und Verantwortung. Ich renne meinen besten Freunden zu den letzten Tönen unseres Medleys entgegen. Michi stemmt mich hoch, als wolle er die Hebefigur aus Dirty Dancing nachstellen.

Dass Frauen Gefühle zeigen dürfen, versteht sich von selbst. „Ävver ene ächte staatse Boor heult nit", hat unser Bauer vor der Session prophezeit – jetzt habe ich ihn soweit.

Sitzungspräsident Winrich Granitzka findet wundervolle Worte für uns und unseren Verein „Laachende Hätze", die wir drei nie vergessen werden. Und dann nimmt er eine Feder aus seiner Präsidentenmütze und steckt sie mir an. Da ist sie. Die fünfte Feder. Voller Stolz werde ich sie am morgigen Rosenmontag durch die Stadt tragen.

Rosenmontag

Rosenmontag: Einmal Letzter sein

Und dann ist er da, der Tag, von dem ich seit 36 Jahren träume. Rosenmontag. Heute ist nur Belohnung. Und das fängt schon mit dem Aufstehen an. Denn zum ersten Mal seit Wochen steht Ausschlafen auf dem Programm.

Leichter gesagt als getan. Auch wenn mir der Prinzenführer zum x-ten Mal versichert, dass der Zug wirklich nicht ohne uns geht, macht mich das gelinde gesagt etwas nervös, dass sich die farbenprächtige Parade im Fernsehen schon in Bewegung setzt und ich hier noch in Ungerbotz sitze. Aber das Dreigestirn fährt nun mal ganz zuletzt. Eine gefühlte Ewigkeit später setzen wir uns in Bewegung. Ich wusste, dass mich der Tag aus den roten Schuhen haut, aber dass das schon mit Austritt aus dem Hotel beginnt, hat mir vorher keiner mitgeteilt.

Gegen zwölf Uhr mittags treten wir vor das Hotel. Eine wunderschöne Kutsche mit vier weißen Pferden bringt uns zum Aufstellplatz an der Vringspooz. Außerdem eskortieren uns die Reiterkorps der Ehren- und der Prinzen-Garde. Ich genieße die Fahrt mit meinen Freunden. Schon jetzt ist es unbeschreiblich, durch die Nebenstraßen zu rollen und den gut gelaunten und kostümierten Menschen zuzuwinken. Alle freuen sich, uns zu sehen. Fenster werden geöffnet, von überall her erklingt ein Alaaf. Das ist Rosenmontag, ganz leise.

Dabei muss ich etwas beschämt gestehen, dass ich tags zuvor ziemlich gemault habe, als der Wecker nach einem harten Tag noch früher als gewohnt klingelt. Vom Seniorenwohnheim der Riehler Heimstätten bekommt das amtierende Dreigestirn alljährlich eine Kerze, die an Karnevalssonntag bei der Schwarzen Mutter Gottes entzündet wird. Dieses handgemachte, schöne Licht soll an Rosenmontag gutes Wetter bescheren. Heute bin ich froh, dass ich mich unter Murren in aller Herrgottsfrühe aus dem Bett gequält habe, denn Petrus muss ene Kölsche sin: Es ist kalt, aber sonnig. Welch göttliches Geschenk.

Und um noch etwas beten wir in der kleinen Kapelle. Ich muss leider zugeben, so sehr mit mir selbst beschäftigt gewesen zu sein, als dass ich die Geschehnisse rund um das schreckliche Attentat auf das Satiremagazin Charlie Hebdo in Paris hätte intensiv verfolgen können. Wie fast alle Karnevalisten tragen wir seit Wochen einen kleinen bunten Bleistift am Ornat, um unsere Solidarität mit den Opfern und die Meinungs- und Pressefreiheit zu demonstrieren. Braunschweig hat aufgrund einer akuten Anschlagsgefahr seine Parade sogar abgesagt.

In den letzten Wochen habe ich lernen dürfen, wie wichtig Freude im Leben ist. Vielleicht gerade in Zeiten der Angst. Und ich weiß, dass die Angst vor einem Anschlag heute bei vielen Kölnern bewusst mitfährt. Aber wir werden uns das Lachen nicht nehmen lassen.

Das Musikcorps der Prinzen-Garde empfängt uns am Aufstellplatz mit einem Ständchen. Das stolze Reiterkorps steht Spalier. Mir fällt es immer noch schwer zu glauben, dass sie das für uns tun. Sonst steh ich bei den Mählsäck da auf der anderen Seite.

Ein Herr tritt auf mich zu und erklärt, dass seine Mutter von Kindheit an davon träumt, den Karnevalsprinzen zu bützen. Na, nichts leichter als das. Ich stecke der adretten Dame mit Hut eine Prinzenspange an ihren Pelzmantel und erhalte Wochen später einen Dankesbrief von ihr in feinster Sütterlin-Schrift.

Und dann kommt der Moment, von dem ich so unendlich lange geträumt habe: Wir besteigen unsere Prunkwagen. Michi, Sascha und ich umarmen uns und wünschen uns eine unvergessliche Fahrt.

Der Wagen von Bauer und Jungfrau ist nigelnagelneu und wunderschön geworden. Mein Prinzenwagen ist frisch gestrichen und erstrahlt in einem edlen Cremeweiß. Nach einer unserer zahlreichen Besprechungen mit dem Festkomitee fragte mich der Präsident, ob ich auch einen Wunsch hätte. „Ja", schießt es aus mir hervor. „Kann ich den Prinzenwagen weiß pinseln?"

Nun, ich befürchte, dass die Entscheidung, den Festwagen umzustreichen, nicht allein auf meinem Wunsch basierte, aber das edle Gold und Weiß ist einem Prinzenwagen würdig. Bei dem alten, dunklen Rotton mit Gold bekam ich einfach ständig Hunger auf „Ente süß-sauer".

Holger, der Erste, steht auf der glänzenden Kanzel. Ich streichle ehrfürchtig über die goldenen Buchstaben und rüttle ganz sacht daran. Ob ich die nachher heimlich abrupfen kann?

Mit mir klettern Prinzenführer und Adjutant in die Kanzel. In den Bauch des Wagens steigen meine Frau, unsere älteste Tochter Marie und zahlreiche Kinderpagen. Wir sind mächtig stolz, dass das Festkomitee unsere Grundidee, den Familienkarneval zu repräsentieren, mitträgt. So überrascht uns Rosenmontagszugleiter Christoph Kuckelkorn im Vorfeld damit, dass unsere Frauen die ersten sind, die mit auf unseren Wagen fahren. Es ist wundervoll, dies als Familie erleben zu dürfen.

Und dann setzt sich unser Wagen in Bewegung.

Die Kolonne bewegt sich langsam auf die Severinstorburg zu. Obwohl wir nicht mehr weit entfernt sind, wirken die Überreste der alten Stadtmauer wie ein Schutzwall. Es ist noch erstaunlich still, nur aus der Ferne ertönt leise Musik und Gejohle. Ich sauge jedes Detail auf.

„Falls du nicht als gebratene Ente an den Hochspannungsdrähten der Straßenbahn enden willst, kniest du dich jetzt besser mal hin", warnt mein Adjutant und zieht die langen Federn an meinem Hut nach unten. Als ich wieder hochkomme, sehe ich gerade noch, wie Michis und Saschas Wagen in der steinernen Torburg verschwindet.

„Viel Spaß", brülle ich ihnen vor Übermut zu, wohlweislich, dass sie mich nicht hören können. Ich beneide meine Freunde, dass sie diesen Moment gemeinsam genießen dürfen.

Ich halte den Atem an angesichts dessen, was uns gleich erwartet. Ich bekomme Gänsehaut. Wir kommen immer näher. Jetzt passiert es gleich. Unser Wagen taucht in den Torbogen ein und stößt inmitten des Höhepunkts eines rauschenden Festes wieder ins Licht. Ganz plötzlich ist er da: Ohrenbetäubender Jubel und ein Goldregen aus Flitter, der auf uns niederregnet. Die Sonne trifft mich mitten ins Gesicht.

Es ist unbeschreiblich. Und unmöglich überall gleichzeitig zu schauen und zu grüßen. Ich drehe mich im Kreis und versuche nach allen Seiten zu winken. Noch nie habe ich so viele Menschen meinen Namen rufen hören. Mir ist bewusst, dass die meisten Fremde sind, die auf einer Welle der Euphorie mitreiten und die meinen Namen an der nächsten Ecke wieder vergessen. Aber ihre Begeisterung für diesen einen Moment werde ich nie vergessen. Mit jedem Strüßjer und Alaaf brülle ich die Anspannung der letzten Wochen und Monate weg. Ich bade förmlich in dem Jubel der Menschen und in purem Glück. Das hier ist unsere Belohnung.

Es ist unmöglich, alle Freunde in den Menschenmassen zu entdecken, auf die ich mich gefreut habe. Selbst, wenn ich genau weiß, an welcher Stelle des Zugwegs

sie auf uns warten. Am liebsten will ich den Wagen anhalten und ein Stück zu Fuß laufen, aber die Zeit fliegt dahin wie die Menschen am Rand. Meine Frau hält ein riesiges rotes Herz mit den Namen unserer Kinder in die Fernsehkamera. Auch wenn unsere zwei Nesthäkchen noch zu klein sind, um Kamelle über die Reling zu schubsen, sollen sie wissen, dass sie in unseren Herzen mitfahren.

Der Zugweg ist ein einziger Freudentaumel. Ich habe jedes Zeitgefühl verloren, als wir den Wegabschnitt erreichen, auf den ich mich am meisten freue: die Hofburg. Schon heute Morgen konnte ich erahnen, wer dort alles auf uns wartet. Ein Reisebus Sauerländer, Familie, Freunde, halb Flittard ist vertreten. Die andere Hälfte des Dorfes und unser Tanzcorps laufen selbst im Zug mit. Wir versuchen sie alle unter Blumen und Kamelle zu begraben.

Die Kulisse unter dem Dom raubt mir den Atem. Ich falle meinem Prinzenführer und meinem Adjutanten um den Hals und ringe nach Worten. „Da is er endlich mal sprachlos", freut sich mein Adjutant.

„Aber ich kann euch ein Liedchen spielen", werfe ich ein und zücke meine Mundharmonika.

„Von wegen, damit hast du uns lange genug gefoltert", schnappt mir Rudi mein Instrument aus der Hand und versenkt es breit grinsend in meinem Trinkbecher. Wir tauschen reihum unsere Mützen und blödeln vor uns hin.

Es beginnt langsam zu dämmern und der prächtige Wagen ist nun in ein warmes, goldenes Licht getaucht. In den letzten drei Straßen sind Kamelle- und Strüßjerkisten so leer, dass wir in unserer Verzweiflung die Blumendeko vom Wagen abreißen und unter Lachen und Alaaf unter das Volk werfen. Aber davon bekomme ich immer weniger mit. Ich werde immer stiller – ich weiß: Mein Traum ist am Ende dieser Straße vorbei. Wir passieren den Wagen des Festkomitees in gegenseitigem, respektvollem Gruß.

Und dann stoppen wir auf Höhe von Bauer und Jungfrau. So stehen wir uns eine gefühlte Ewigkeit in den Kanzeln der beleuchteten Prunkwagen gegenüber – Prinz, Bauer und Jungfrau, die Adjutanten, der Prinzenführer und unsere Frauen, Arm in Arm. Wir prosten uns zu und schweigen. Niemand ist bereit hinunterzusteigen. Ich puste die Flüssigkeit aus meiner Mundharmonika und spiele ...

Dann steigen wir hinunter – und ich kann meine Tränen nicht mehr zurückhalten. Die Anspannung fällt von mir ab. Jetzt erst merke ich, wie schwer der Stein war, der von meinem Herzen fällt und Platz macht für tiefe Erschöpfung. Die Bilder der Session rasen hinter meinen geschlossenen Augenlidern vorbei, und mich schüttelt ein stummer Weinkrampf. Meine besten Freunde fangen mich auf und umarmen mich. Ich weiß nicht, wie lange wir so stehen und gemeinsam weinen. In unserem Rücken meine Lieblingskirche, St. Gereon.

Und in Köln ist es friedlich geblieben.

Zick eröm

Zick eröm

Das war es also. Am Abend nach Rosenmontag lädt das Festkomitee in die zwölfte Etage des Pullman Hotels zu einem feierlichen Abschlussessen. Zick eröm.

Schweigend betreten wir den Aufzug. Doch zu unserer Überraschung dirigiert der Prinzenführer den Fahrstuhl ins Erdgeschoss und führt uns zu unserer Fahrzeugkolonne.

„Wo fahren wir hin?", fragt Sascha.

„Ich dachte, ihr wollt vielleicht eurer Stadt Lebewohl sagen", antwortet Rudi respektvoll.

So steigen wir in die Fahrzeuge, und die stolze Kolonne setzt sich in Bewegung. Zum letzten Mal. Es ist dunkel und es regnet. Seitlich zeugen die verwaisten Rosenmontagstribünen von dem gestrigen Menschenauflauf. Jetzt huschen nur wenige Passanten über die leergefegten Straßen, ohne Notiz von uns zu nehmen. Der Funk, der alle Wagen miteinander verbindet, knistert leise vor sich hin. Keiner macht die üblichen Blödeleien. Wir schweigen. Die Wagen fahren auf die Domplatte. Ich lehne mich an die kalten Fensterscheiben, um besser nach oben schauen zu können. Wie ein grauer Koloss ragt der Dom bis in den regenschweren Himmel, der tief über der Stadt hängt. Regentropfen laufen die nasse Scheibe herab. Hier hat es begonnen. Hier endet es. Der Kreis schließt sich.

Auf dem Rückweg zum Pullman ertönt nach und nach jedes der vier Funkgeräte.

Rudi, Marcus, Volker und Karl-Theo melden sich zu Wort. Die Adjutanten machen das jedes Jahr, aber sie sind sich über die Besonderheit der Situation für uns im Klaren. Jeder einzelne hat sich Worte des Dankes und der Anerkennung zurechtgelegt. Zu Beginn der Session waren wir für sie einfach nur Prinz, Bauer und Jungfrau. Anonym wurden wir bei unseren Rollen benannt: „Kurzer Stopp, die Jungfrau muss mal für kleine Mädchen!" Heute sprechen sie über „ihr lieb gewonnenes Dreigestirn", von ihren Freunden Michael, Sascha und Holger.

184

Dann hält die Kolonne vor der Hofburg. Schwermütig betreten wir das Foyer. Die Prinzenwache steht ein letztes Mal Spalier und präsentiert „dä Zabel". Feierlich geben sie unsere Standarte zurück, die sie wochenlang für uns präsentiert haben. Jetzt geht sie nach Flittard.

Wir stehen eng nebeneinander. Dann treten zwei Dudelsackspieler vor und spielen für uns Amazing Grace und „Do bes die Stadt". Das ist zu viel. Ich würde hier gerne behaupten, dass ich mir damenhaft ein Tränchen aus dem Augenwinkel wische, aber die Tränen laufen mir ungeniert übers Gesicht.

Der Aufzug bringt uns in die Bar in der zwölften Etage. Der Blick aus der Skybar auf den hell erleuchteten Dom überstrahlt alles. Nach einer bewegenden Rede von Festkomitee-Präsident Markus Ritterbach haben wir das Wort. Wir nehmen uns viel Zeit, um uns bei unseren Wegbegleitern zu bedanken. Auch sie sind zu Freunden geworden.

Und dann kommt der Moment, vor dem es mir ein wenig graut. Unser Oberbürgermeister fordert die Insignien zurück. Aaargh. Also mal ganz ehrlich. Das ist schon hart. Die Queen Mum ist seit 89 Jahren Königin und wird auch nicht so mir nichts dir nichts entmachtet. „Her damit", fordert unser Stadtoberhaupt. Das scheint ihm ja doch ernst, das mit dem Zurückgeben der Macht über seine Stadt.

Nun gut, ich wusste ja, dass das kommt. Also schaue ich ein letztes Mal auf diese wunderschöne Pritsche und streiche ehrfürchtig über die eingravierten Namen. Mein Name ist der letzte darauf. Der nächste Prinz wird eine neue Pritsche bekommen. Und dann reiche ich sie unserem Oberbürgermeister. „Wir haben alles gegeben", dann verabschieden wir uns auf unsere Zimmer. Ich weiß nicht, wie lange ich so stehe und auf meine geliebte Stadt bei Nacht starre.

„Bist du bereit?", fragt Marcus. Ich hatte seine angenehme Anwesenheit fast vergessen und weiß seinen Respekt vor diesem Moment sehr zu schätzen. Ich nicke. Dann knöpft mir mein Adjutant zum letzten Mal das Ornat auf dem Rücken auf und hilft mir hinaus. Das war es. Ich weiß, dass ich dieses prächtige Ornat, das ich so sehr geliebt habe und das mir so viel Kraft und Mut geschenkt hat, nie mehr tragen werde. Auch die wunderschöne Prinzenmütze werde ich nie mehr aufsetzen. Ich streiche ein letztes Mal mit den Fingern über das Stadtwappen auf meiner Brust und überreiche es meinem Freund.

Ich weiß nicht, wie lange ich ungeachtet der wartenden Gäste im Saal vier Stockwerke über uns, das Wasser auf meinen Rücken prasseln lasse. Aber anscheinend haben Michi und Sascha ähnlich lange gebraucht. In weißem Hemd und Anzughose fahren wir wieder nach oben, um den blauen Zylinder entgegenzunehmen. Das Zeichen des ehemaligen Dreigestirns der Session 2015.

PS: So verbindet der Karneval, was lange getrennt war: Die Sitzordnung für den „Zick eröm Abend" hat natürlich jemand gemacht, der meine Familienverhältnisse nicht kennt und nicht wissen kann, dass meine Eltern seit 20 Jahren getrennt sind und nicht mehr miteinander sprechen. So sitzen also plötzlich Herr und Frau Kirsch nach langer Zeit des Schweigens nebeneinander und reden zusammen. Und lachen. Und vergießen gemeinsam ein paar Tränchen über ihren Sohn.

Aschermittwoch
... und danach

Packen

Es ist spät geworden gestern. Meine Frau erfreut sich an dem völlig ungewohnten Luxus, einmal nicht durch Wecker oder irgendein Kind geweckt zu werden. Deshalb guckt sie etwas erschrocken aus den zu dicken Hotelkissen, als ich um 7.30 Uhr aus dem Bett springe.

„Was tust du?"

„Ich will nach Hause", antworte ich und fange wie wild an zu packen.

Das ist schneller gesagt als getan. Obwohl meine Frau nach jedem ihrer Besuche Geschenke und Andenken kistenweise abtransportiert hat, stapelt es sich immer noch bis unter die Decke. Also packen wir und packen... und packen. Oder besser SIE packt, weil mir natürlich zu jedem Präsent die passende Story einfällt. Nach zweimal Auto vollmachen ist es soweit: Das Zimmer ist tatsächlich leer. Noch einmal schaue ich zurück: durch den Raum, auf den Haken, an dem mein geliebtes Ornat jeden Abend hing und auf unseren schönen Dom. Und dann heißt es Abschied nehmen von der „800", von unserer Männer WG, von Freunden. Oh, natürlich sehen wir uns alle wieder. Dafür ist mir jeder Einzelne viel zu sehr ans Herz gewachsen. Aber in dieser engen Konstellation, das kommt nie mehr zurück. Ich umarme jeden innig und wortlos.

Das war´s. Wir fahren heim. Ich freue mich auf zu Hause. Sehr. Auf die Pänz. Und doch fühle ich mich gerade nur leer. Und erschöpft.

Wieder zu Hause

Zu Hause essen wir alle zusammen. Salat. Hab ich mir gewünscht. Und Obstsalat. Vitamine jedweder Form sind dem gemeinen Karnevalisten ja eher fremd. Die Kinder sind erleichtert, dass ich zurück bin.

„Jetzt bist du aber kein Prinz mehr, Papa", stellt meine kleine Griet fest.

„Mm...Stimmt", seufze ich.

„Aber du bist mein Prinz." Schmilz. Das geht runter wie Öl.

Ich will mich etwas hinlegen, bevor wir zum Fischessen nach Flittard fahren. Aber ich kann nicht, wälze mich nur herum. Was nun? Sonst wären wir um diese Zeit... Oder soll ich ins Büro fahren?

„Soll ich kommen?", frage ich meinen Vater, der mir die gesamte Zeit den Rücken frei gehalten hat.

„Ne, lass mal, das läuft gerade so gut ohne dich."

Na spitze, so schnell ist man ersetzbar. Aber irgendwie ist das eine gute Erfahrung. Dass man tatsächlich einmal loslassen kann. Dass meine tollen Mitarbeiter selbstständig arbeiten können, wenn ich sie denn lasse. Meine Frau drückt mir einen Schraubenzieher in die Hand.

„Hier", sagt sie, „auf der Galerie stehen acht Regale." Oh. Das trau ich mir zu. So baue ich die nächsten Tage. Ich baue und starre und baue und starre. Viele Freunde rufen mich an und hören sich geduldig an, was aus mir heraussprudelt. Und ich beginne wieder zu träumen.

Ungeschönt

Am Abend fahren wir mit Michi und Carola nach Flittard zum Fischessen. Dank Carola sind wir pünktlich. Heute geht nun wirklich alles zu Ende. Nicht nur für mich. Auch für Michi und Sascha. Und für ganz Flittard. Wir werden um ein paar Worte gebeten.

Diesmal bin ich nicht vorbereitet. Und unsere Rede fällt anders aus als sonst. Ich höre mich erzählen, von einer ganz anderen Seite, ohne Glanz und Juhee. Nämlich davon, wie anstrengend es war. Es soll niemanden ernüchtern oder enttäuschen. Ich erzähle, wie man es eben einem Freund erzählen würde. Nicht nur geschönt. Sondern, dass es auch schwer war. Dass du dein Programm abliefern musst, auch wenn du gerade aus der Kinderonkologie kommst. Dass du immer freundlich sein musst. Dass viele nett tun und nur darauf aus sind, eine Prinzenspange zu ergattern. Dass es durch die Handykameras nie einen Moment gibt, in dem dein Gesichtszug entgleisen darf oder du einfach mal läppsch sein kannst. Davon, wie mich auf der FC-Sitzung ein Betrunkener anspringt und mir versucht, das Cape abzureißen. Wie ich mich aus der Umklammerung drehe und am nächsten Tag Fotos beim EXPRESS landen, die mein entsetztes Gesicht als aggressiv auslegen. Und dass man eine Ahnung davon bekommt, wie das für echte Promis sein muss. Davon, dass jeder Schritt von der Presse beobachtet wird, und von dem Druck, sie könnten etwas Negatives über dich schreiben. Dass wir einfach alles gegeben haben.

Und dass unsere Flittis immer für uns da waren. Ich kann nicht zählen, an wie vielen Tagen uns ein Grüppchen aus Flittard von Termin zu Termin begleitet. Überall, wo unsere Fahrzeugkolonne auftaucht, steht schon der kleine, weiße Bully mit dem kunterbunten Aufdruck: Flittarder KG – Wir sind Dreigestirn. Und jedes einzelne Mal tut es so unendlich gut, unsere Freunde da unten vor der Bühne zu wissen. Sie schenken uns das Kostbarste, was sie haben. Zeit. Ganzer Jahresurlaub geht dafür drauf.

Und dann unser Präsident Henry. Der Dreigestirns-Vater, wie er seitdem gern genannt wird. Wir nennen ihn ebenso gern unseren „Papa", weil er so etwas Väterliches, Weises hat. Und er ist mächtig stolz auf seine drei Ziehsöhne. Ohne ihn wäre das Projekt 2015 wohl nie zustande gekommen.

Dieter und Annette

„Junge, habt ihr mich ein Geld gekostet", stöhnt Dieter lachend und nimmt mich in den Arm. „Aber was soll ich die Himmelsleiter mit vollen Taschen hochkraxeln? Und ihr wart jeden Groschen wert."

Dann erzählt er mir, wie er und seine Frau sich die sündhaft teuren Eintrittskarten für die Pripro gegenseitig zu Weihnachten geschenkt haben. Gegessen und getrunken hast du dann im Gürzenich aber noch nicht.

„Und dann sind wir zum Shoppen nach Köln, die Annette brauchte schließlich was Schickes. Nach drei Cappuccino im Kaffee gegenüber bin ich dann aber doch gucken gegangen – nicht, dass die gleich den ganzen Laden leer kauft."

Die schicke Hose mit dem überlangen Schlitz an der Seite hat Annette nach der Session zugenäht. Jetzt kann man die auch so noch mal tragen.

„Das erlebt man nur einmal, und das letzte Hemd hat keine Taschen!", prostet Dieter uns zu.

Und wir können kaum Worte finden für das, was unsere Flittis für uns getan haben. Danke, Flittard. Ihr wart wahrhaftig Dreigestirn.

Anerkennung

Als Zeichen unserer Anerkennung und Dankbarkeit überreichen wir der Flittarder KG unsere Ornate. Ich muss gestehen, dass mir das nicht ganz leicht fällt. Etwas kleinlaut bitte ich darum, eine neue Prinzenmütze für die Vitrine anfertigen lassen zu dürfen, denn ich bringe es nicht übers Herz, meine wegzugeben. Auch wenn ich sie nie wieder aufsetzen werde. Aber sie bekommt einen Ehrenplatz in unserem Haus.

„Meine olle Kappe könnt ihr haben", donnert Michi und lacht. Er ist froh, den Hut endlich los zu sein. Sauschwer ist der nämlich. Und er ist der zweite Bauer, der es schafft, den stolzen Kopfschmuck während des fast acht Kilometer langen Rosenmontagszuges zu tragen. Michi rupft seinem Hut sechs Federn aus. Und verschenkt sie an die Menschen, die immer an unserer Seite waren und uns unermüdlich begleitet haben. Na spitze, der lässt mich vielleicht kleinlich aussehen, ist ja aber auch nicht so schwer, wenn man 125 von den Dingern am Hut hat statt nur fünf.

Und immer wieder kommt die Frage: Prinz, Bauer, Jungfrau – einmal Dreigestirn, immer Dreigestirn? Haben wir Angst, in unseren Rollen hängen zu bleiben? Nein, weiß Gott nicht. Wir sind für dieses Jahr aus den Reihen unserer Mitglieder hervorgetreten und freuen uns darauf, im nächsten Jahr wieder den rot-weiß-grünen Lappenclown zu tragen. Um den Karneval wieder so zu feiern wie alle anderen Jecken auch – mit Freunden unter Freunden.

Was bleibt, ist die Liebe zum Fastelovend. Vielleicht haben wir jetzt erst verstanden, wie Karneval richtig geht. Der echte, der wirkliche Karneval, der findet im Kleinen statt. In den Turnhallen und Gemeindesälen unserer schönen Stadt. Karneval ist Veedel und Brauchtum, gemeinsam Butterbrote schmieren. Vorbereitung, Ehrenamt, Leben, Erinnerung, Karneval sind die guten Zeiten.

Und er hat einen caritativen und guten Gedanken. Menschen verbinden, Menschen zum Lachen bringen. Ein Hoch auf all die Ehrenamtlichen, all die, die nie auf einer der großen Bühnen stehen und geehrt werden. All die, die Sitzungen vorbereiten und Kuchen backen und Öllich schneiden. Ihr seid die wahren Helden Karneval in unserem wunderschönen Brauchtumsfest.

Nach Aschermittwoch: Das große Loch

Irgendwann nach Aschermittwoch finden wir die Zeit, die letzten Umzugskartons auszupacken. Und hängen den Adventskranz ab. Der hat in der Zwischenzeit ein paar Luftschlangen abbekommen, hat sich ansonsten aber wacker gehalten.

Es dauert lange, sehr lange, bis ich wieder in ein geregeltes Arbeitsleben finde. Ich bin mir nicht ganz sicher, ob ich überhaupt schon wieder voll zurechnungsfähig bin. Wenn ich ehrlich bin, dann falle ich in ein Loch. Ein ziemlich tiefes Loch.

Natürlich passieren auch schöne Dinge. Nach fast 25 Jahren treffe ich meinen alten Jugendfreund Tilman Otto alias Gentleman wieder, mit dem ich zu Skateboardzeiten die Domplatte unsicher gemacht habe. Natürlich habe ich in den Medien immer die Karriere meines alten Kumpels verfolgt, nachdem er damals Hals über Kopf nach Jamaika verschwand und als Reggae Weltstar wieder auftauchte. Aber erst 25 Jahre später erfahre ich aus der Zeitung, dass Gentleman im Rosenmontagszug mitgefahren ist. Er auf dem ersten, ich auf dem letzten Wagen. So bitte ich den Zugleiter Chris Kuckelkorn, ihm Grüße von mir zu bestellen. Und prompt klingelt mein Telefon. Wir schwelgen den gesamten Nachmittag in alten Zeiten. Wie wir einem bekannten Kaffee am Dom einen Kanister Eis aus dem Kühlhaus entwenden, uns den Bauch voll schlagen bis uns schlecht ist und den geschmolzenen Rest von der Hohenzollernbrücke auf ein Containerschiff kippen. Oh je, ist das verjährt? Gut, dass das nicht in meinem Führungszeugnis stand. Kurz darauf besuchen wir sein wundervolles MTV unplugged Konzert. Ganz sicher weiß der gemeine Reggaefan nichts damit anzufangen, dass Gentleman plötzlich „Spitzebützjer" anstimmt und ins Mikro singt: „Say Alaaf to Prinz Holger the First in da House!" aber ich platze fast vor Stolz! Einfach geil, meinen guten Freund wiedergefunden zu haben.

Den Tiefpunkt meines königlichen Karriereknicks erreiche ich, als mich meine Frau samt Kindern der Größe nach auf dem Badewannenrand aufreiht und darauf besteht, mir eine prophylaktische Läusepackung zu verpassen. War klar, dass uns die Krabbeltiere bei drei Mädels mit Haaren bis zum Po irgendwann erwischen würden. Aber alle Versuche mich zu wehren und zu beteuern, dass niedere Krabbeltier würde es doch nicht wagen, den Kopf einer Ex-Tollität zu bevölkern, versickern wie das Badewasser im Abfluss.

„Du vermisst doch deine schöne Prinzenmütze so, Papa", tröstet mich meine Griet. „Ich mach´ dir eine ganz tolle echte Handtuch-Krone auf dem Kopf."

Und ehe ich mich versehe, ziert mich ein ähnlich entwürdigender Turban wie meine weiblichen Untertanen. Das ist hart – wirklich hart.

Also zergehe ich in kläglichem Selbstmitleid, bis meine Frau richtig sauer wird. Sie verbietet mir jedwede Form von Midlife Crisis und schnaubt, wenn die einer kriegt, dann sie! O.k., sie hat ja Recht. Und ich reiß mich fortan zusammen...

Michi stellt es schlauer an. Er widmet sich gleich einem neuen Lebenstraum und eröffnet die Kneipe „Kölsch Kultur" in Klettenberg. Ich nenne sie liebevoll unser kleines „Selbstbeweihräucherungsmuseum", weil viele wunderschöne Andenken und Bilder aus unserer gemeinsamen Zeit die Wände zieren. Schön ist es da! Und echt lecker! Und unsere Freundschaft? Die ist noch enger als zuvor. Er bleibt mein großer, bester Freund.

Und Sascha? Ich glaube, so etwas wie ein emotionales Loch kennt unsere immer gut gelaunte Jungfrau nicht. Sascha ist während der Vorbereitungszeit und unserer sechseinhalb Wochen Session nicht ein einziges Mal schlecht gelaunt. Nie gibt er sich seiner Erschöpfung oder einer Laune hin oder lässt sich gehen. Seine positive, aufbauende Art ist so wichtig für zwei Nörgelköpfe und Schwarzseher wie Michi und mich. Und er wird für mich immer die schönste Jungfrau aller Zeiten bleiben.

Zwischen uns dreien fällt während der gesamten Zeit nicht ein böses Wort. Nicht selbstverständlich unter dem enormen Druck und Stress. Danke, meine Freunde, für alles.

„Mission completed..."

197

Resümee

Der Standardsatz in den kommenden Wochen ist: „Jetzt seid ihr aber froh, dass es vorbei ist, oder?" Äh, nee? Also, klar, wir sind erschöpft und ausgezehrt, aber froh? Nein! Wirklich nicht. Weck mich nachts, und ich stell mich in Schlafbotz auf die nächste Bühne.

Der Regensburger Politiker Hermann Höcherl sagte einst: „Nichts wird in Deutschland so ernst genommen wie die Vorbereitung auf den Spaß." Und dieser Spaß ist harte Arbeit.

Die Kraft unserer Ornate ist unbeschreiblich. Der Kölner liebt sein Dreigestirn – ganz gleich, welche drei Jecken diese Rolle verkörpern. Wir haben sie mit all unserem Respekt, unserer Demut und unserem Herzblut ausgefüllt.

Wir müssen diese Kraft positiv nutzen und achtgeben, dass unser wundervolles Brauchtumsfest an manch einer Stelle nicht verkommt.

Ist es dabei nicht wertvoll, dass wir unsere Pänz von klein auf an unser wunderschönes Fest heranführen? Dass sie lernen, mit uns zu singen, zu feiern und zu tanzen? Jung und Alt? Karneval verbindet. Alle Altersgruppen, alle Schichten, alle Kulturen. Social jeck, kunterbunt vernetzt.

Schon jetzt können wir sagen, dass uns diese kurze und intensive Zeit verändert hat. Wir durften lernen: Nichts ist selbstverständlich. Geht sorgfältig miteinander um! Und feiert!

Ich bin angetreten, mir einen Kindheitstraum zu erfüllen. Ich hatte viele egozentrisch motivierte Erwartungen daran, Prinz Karneval von Köln zu sein. Ich wollte mir selbst eine große Freude bereiten. Und was mir plötzlich die größte Freude bereitet, mir am meisten gibt, ist, ANDEREN eine Freude zu machen. Ein Lachen schenken, jemandem ein kleines Lied spielen, wie einfach und wirkungsvoll kann das sein? Und es gibt so viel.

Vielleicht hat uns der Karneval und all die Erfahrungen, die wir sammeln durften, ein klein wenig besser gemacht. Wir gehen an keinem Obdachlosen mehr vorbei, ohne daran zu denken, dass er derjenige gewesen sein könnte, der gegeben hat. Das hat alles auf den Kopf gestellt. Und ist das Motto der nächsten Session, in der drei neue Lück wie du und ich mitten us dem Levve zu den Helden des Kölner Karnevals werden. Einmal Prinz und fast zurück.

Danke, dass du ein Teil davon warst und uns so viel gegeben hast. Denn wenn du jeck genug bist, dieses Buch zu lesen, dann warst du ganz sicher ein Teil der Zeit unseres Lebens.

Ich habe es geliebt. Danke Köln.

Laachende Hätze

Der Erlös dieses Buches geht ausschließlich in unseren Verein „Laachende Hätze e.V.", der sich für Flüchtlingskinder und sozial bedürftige Kinder einsetzt.

Aber Karneval und Flüchtlinge – passt das zusammen? JA – weil wir lernen durften, dass ein Lachen – gerade in Zeiten von Gewalt und Krieg – in unserer Welt so unendlich wichtig ist. Einen kleinen Funken Hoffnung gibt.

Durch viele, viele kleine und private Spenden und die üppigen Schecks, die wir auf den Sitzungen und von befreundeten Geschäftspartnern entgegennehmen durften, haben wir bis heute fast 300 000 € gesammelt! Wir erlauben uns, an dieser Stelle drei Großspender namentlich zu erwähnen, ohne die diese gewaltige Summe nicht zustande gekommen wäre:
ETL – Franz Josef Wernze
OVB – Michael Rentmeister
WVM Immobilien – Wolfgang von Moers

Eine Situation wird mir stellvertretend für alle immer in Erinnerung bleiben. Im Anschluss an den Auftritt in einem Kindergarten stand ein kleines Mädchen im Pippi Langstrumpfkostüm vor uns und streckte uns ihr Sparschwein entgegen: „Ihr drei mögt es gut verteilen, damit die armen Kinder nicht mehr weinen."

Voller Dankbarkeit nehmen wir eure Spenden entgegen. Und wenn vernetzt heißt, seine Verbindungen für einen guten Zweck spielen zu lassen, dann soll es auch von ganzem Herzen gerne als „klüngeln" bezeichnet werden. Ein Hoch auf den „kölschen Klüngel".

Unser Verein hält uns auch nach der Session gehörig auf Trab, denn der verantwortliche Umgang mit den Spendengeldern veranlasst uns, jedes Projekt, das wir unterstützen, eigenständig anzuschauen. So können wir über die Projekte schnell und unbürokratisch beraten und handeln. Besuch uns auf laachende-haetze.de und werde Mitglied. Und hilf uns, den Kindern und ihren Eltern wieder ein kleines Lachen zu schenken.

Beispiele bisher unterstützter Projekte:
- Deutschunterricht für Kinder und Jugendliche, Therapien für Folteropfer, Integrationsinitiativen.
- Sachspenden wie bspw. Fahrräder, Kleidung, Kuscheltiere
- Mittagsmahlzeiten in Schulen
- Museeumspädagogik, Kindertheater
- Finanzierung von Spielplatzeinrichtungen in Flüchtlingsheimen bzw. Unterkünften bestehend aus Klettergerüsten, Schaukeln, Sandkästen, mobilem Spielzeug
- Fußballsommercamp in Kooperation mit dem FC Viktoria Köln, Organisation eines Freundschaftsspiels der Flüchtlingsmannschaft H.O.P.E gegen den FC Viktoria Köln
- Schmuck- und Strickworkshop (mit unserer Jungfrau)
- Zoobesuche
- Besuch der Schull- und Veedelszöch
- Musikunterricht
- monetäre Unterstützung für die Umgestaltung von Aufenthalts- und Schlafräumen im Flüchtlingsheim Porz
- Fahrradkurse und Fahrradhelme

DANKE

Von Päpsten, Prinzen und jecken Metamorphosen

Nachwort von Wolfgang Oelsner

Vergessen Sie den Vatikan! Spannender und geheimnisvoller als eine Papst-wahl sind die Rituale um die Wahl eines Kölner Dreigestirns. Auch was in der vatikanischen Sakristei ablaufen mag, erfahren Sie allemal aus dem Hofproto-koll eines Dreigestirns. Das überlässt kein Knöpfchen und Schleifchen am li-turgischen Ornat dem Träger selber. Ein Stab (ein)geweihter Helfer kennt weder Zufall noch Pannen.

Und dann der Moment, wenn ein frisch gewählter Würdenträger sich Volk und Erdkreis zeigt. Wenn er, wie er seinem Tagebuch anvertraut, „das erste Mal im Ornat die ehrenvolle Treppe im Petersdom emporsteigt". Der Kardi-nalprotodiakon raunt ihm ermunternd zu: „Da musst du jetzt durch." Doch das neue Oberhaupt hält inne, wirft „einen kurzen Blick auf die Skulptur ‚Trauern-des Elternpaar'" und denkt laut: „Wie oft bin ich diese Treppe schon hochge-stiegen? Ich liebe diesen Blick auf die Betende. Wünscht mir Glück!" Dann, endlich, öffnen sich die großen Flügeltüren und er zeigt sich erstmals dem ju-belnden Volk auf dem Petersplatz.

Petersdom und -platz sind natürlich geschwindelt. Tauschen wir sie aber gegen „Gürzenich" ein, dann stimmen die Zitate mit den vorstehenden Sätzen dieses Buches wieder überein. Der Fürst der Freude, Prinz Karneval von Köln, beschreibt die letzten Stufen auf dem Weg zu seiner Proklamation. Im vollen Ornat. Mit großem Gefolge. (Der Kardinalprotodiakon heißt in Köln übrigens „Prinzenführer").

Auf dem Weg dorthin fällt sein Blick durch die langen Fenster des Treppen-hauses in den ausgebrannten Kirchenraum von St. Alban. Als Mahnmal gegen Krieg und Zerstörung steht er neben dem Gürzenich. Im Innenhof die Skulptur von Käthe Kollwitz. Ein jäher Kontrast von Tanz- und Bethaus. Wie in so man-chem Lied: „Op die Liebe un et Läve, op die Freiheit un d´r Dud!"

Ex-Prinz Holger lenkt uns Leser zu manchem, was dem Kölner Karneval hei-lig ist.

Zum Heiligen gehört das Geheimnisvolle. Etwa die jedes Jahr bange Frage „Wä mäht et nächste Dreijesteen?". Mindestens so wichtig: „Wie weed m´r dat?" Und wenn es dann entschieden ist, die vielleicht wichtigste Frage: „Woröm jrad die?"

Holger Kirsch zeigt und erklärt dies und vieles mehr. Verraten aber tut er nichts. Da bleibt er der Kurie, pardon: dem Festkomitee gegenüber ganz loyal. Ehefrau Christina und er verwerten die Tagebuchnotizen einer Session weder zu einer Abrechnung noch für Schlüssellochgeschichten. Im Gegenteil, offenherzig und fair werden wir Leser an die Hand genommen, dürfen hier und da mal spingksen, wo das Narrenvolk gewöhnlich keinen Einblick hat. Wiedergegeben wird das Erlebte immer mit größter Hochachtung vor denen, die Jahr für Jahr im Ehrenamt die Inszenierung ermöglichen.

Die Bekenntnisse eines Prinzenjahres erzählen Hintergründiges. Mehr aber noch sind sie eine Innenschau. Einblicke in das Seelenleben eines Dreigestirns, speziell eines Prinzen. Damit sind wir wieder beim Papst. Nicht nur rote Schuhe verbinden die beiden. Gemeinsam ist ihren, wie allen charismatischen Rollen, die Inszenierung. Inszenierungen ermächtigen den Amtsträger, beeinflussen und spiegeln seine Haltung.

Mit dem Amtsträger Holger Kirsch geschieht Seltsames: eine Wandlung. Für Freunde der Metaphysik: eine Metamorphose. Es ist keine vom Saulus zum Paulus, keine von der Raupe zum Schmetterling. Offenherzige, frohe Christenmenschen waren er, waren seine beiden Freunde auch vorher schon. Doch ihr Amt verwandelt sie.

Wir Leser erleben eine Hinwendung vom Ich zum Du. O-Ton Holger: „Ich bin angetreten, mir einen Kindheitstraum zu erfüllen. Ich hatte viele egozentrisch motivierte Erwartungen daran, Prinz Karneval von Köln zu sein. Ich wollte mir selbst eine große Freude bereiten. Und was mir plötzlich die größte Freude bereitet, mir am meisten gibt, ist, ANDEREN eine Freude zu machen. Ein Lachen schenken, jemandem ein kleines Lied spielen, wie einfach und wirkungsvoll kann das sein? Und es gibt so viel."

Wer eine so sensible Eigenschau pflegt, spart sich den Psychologen. Der könnte ihm den anfänglichen Ich-Bezug beweisen: Mehr als die Hälfte des Buchs braucht der Text, ehe Holger endlich proklamiert wird. Und diese detailliert geschilderte Vorlaufzeit hat einen roten Faden aus drei Buchstaben - „Ich". In vielen Varianten: Ich will Prinz werden. Kann ich Prinz werden? Ich werde Prinz! Natürlich ist da auch der Blick für Familie, Freunde, Verein. Sie optimieren das Ich.

Dreigestirne brauchen keinen Hofpsychologen. Hoffriseur reicht. Gut, auch Prinzenführer, Adjutanten, Wache, Protokollchef, Fahrer und, und, und sind unentbehrlich. Jedenfalls Junge us'm Levve. Die kennen das mit dem Ich. Sie wissen: „Jenau su es et." Es ist nichts Ehrenrühriges, ein Ziel entschlossen zu verfolgen. Gesellschaften und Kulturen kämen anders nicht zustande. Wichtiger aber ist, was passiert, wenn das Ziel erreicht ist. Macht das Ich auf dicke Hose? Behält es andere im Blick? Den Umgang mit erreichten Zielen lehrt kaum ein Studium. Ab dann wird freihändig gefahren. Nicht unriskant.

An diesem Punkt bewährt sich, was Kulturen an Werten erarbeitet haben. Ethik und Religion gehören dazu. Auch Bräuche kommen ins Spiel. Sie sind wunderbare Errungenschaften der Kulturen, niederschwellig, nahezu allen zugänglich. Bräuche pflegen das Spiel mit der Rolle auf Zeit. Sie küren Kaiser, Könige, Präsidenten und in Köln eben Prinzen. Was wäre Völkern erspart geblieben, hätten die Oberen sich immer als Herrscher auf Zeit verstanden. Der rheinische Jeck muss nicht Revolution machen, er weiß: „Em nächste Johr jit et 'ne neue Prinz!"

Ein Amt anzutreten mit der Gewissheit um sein baldiges Ende verlangt Charakter. Daran will gearbeitet werden. Psycho-Seminare lassen sich das gut bezahlen. Zwar ist auch im Brauchtum nicht alles zum Nulltarif zu haben, dafür ist seine Wirkung flächendeckend und nachhaltig. Sein Zauber erfasst eine ganze Region. Doch der Zauber wirkt nur – Achtung! Jetzt wird's dialektisch – wenn das „Spiel auf Zeit" wie „in echt" ausgeübt wird. Das „Fest der verkehrten Welt" braucht die reale Inszenierung.

Soll die Illusion des „als ob" perfekt sein, verlangt das Sorgfalt und Konzentration. Das bedeutet Disziplin in Auftritt, Gestik, Wortwahl, Obacht auf Ornat und Insignien. Und permanentes Nachbessern durch die Adjutantur. Wenn im Festsaal zu vorgerückter Stunde Strukturen sich auflösen, wird ein Kölner Dreigestirn immer noch ein glanzvolles Bild geben. Es feiert mit, macht sich aber nicht zu Klamaukfiguren. Das klingt widersprüchlich zur Ausgelassenheit und auch zu manchem Unrat im Fest. Doch gerade im Zustand freiliegender Emotionen schätzt das Publikum Beständigkeit und Verlässlichkeit eines Traditionsensembles. Die Aura eines irrealen Spiels zeigt reale Wirkung. Dä!

Wer mit den Narrenfürsten mal durch einen Sessionstag zieht, erlebt viele Szenen am Rande. Da ist der Wunsch von Besuchern, sich mit den Tollitäten fotografieren zu lassen. Da ist die Sehnsucht nach „Devotionalien", allen voran die Prinzenspange. Hotels und Kneipen richten „rheinische Herrgottswinkel" ein für die gerahmten Fotos von Dreigestirnen. Und da ist der Wunsch von Besuchern, die Ornate anzufassen, nicht nur auf der „Blindensitzung".

Beim Besuch von Sozialeinrichtungen schlägt für jedes Dreigestirn die Stunde der Wahrheit. Zwei Dutzend Mal habe ich es mitveranstaltet, miterlebt: den Besuch auf der Station der Krebsstation der Uni-Kinderklinik. So richtig gepatzt hat kein Trifolium. Und allen ging es wie Prinz Holger. Plötzlich kommt sich Tollität in seiner Aufmachung komisch vor und fragt sich: „Wie geht man damit um? Wir können doch da nicht reinspazieren und so tun, als ob nichts wäre und gute Laune versprühen? Oder?"

Holger und Freunde entscheiden sich für das, wofür die Station jedem Dreigestirn bislang den größten Respekt zollte: sie stellen sich der Situation und setzen auf die Wirkung ihrer Rollen. „Vielleicht können die märchenhaften Figuren, die wir verkörpern, wirklich ein klein wenig Mut und Kraft schenken, an ein kleines Wunder zu glauben."

Das Ornat als Mutmacher. Holger spricht oft von dessen „Würde und Kraft". Die Drei haben begriffen, es geht nicht darum, sich selbst darzustellen, sondern eine Idee. Eine Utopie mit dem Potential magischer Wirkung. Im anrührenden Foto des von der Krankheit gezeichneten Kindes mit Holgers Mundharmonika ist sie zu fühlen.

Der Prinz nutzt die Größe seines Amts und macht sich klein. Mit tadellosem Make up, strassbesetzt und purpurnfarben bückt er sich dorthin, wo Luftschlangen der einzige Glanz sind, wo Worte oft kaum verstanden werden, wo Infusionsstative im Weg stehen und wo es auch mal aus dem Urinbeutel riecht.

Der Karneval vereinfacht die Welt. Alters- und Standesunterschiede werden aufgehoben, Lachen verdrängt das Weinen, das Wir-Gefühl den Egoismus. Müheloser als reale Herrscher können Narrenfürsten das Ideal des zugewandten Kümmerers leben, frohgemut und gerecht. In ihrem Reich geht Humor vor Ernst, vertreiben Spaß und Üppigkeit Schmerz und Not. Und alle haben Anteil an Glanz, Frohsinn, Frieden. Eben „verkehrte Welt". Aber nicht vergebliche Welt.

Manchmal zeigt das Irreale ganz reale Wirkung. Menschen wachsen dann über ihre Alltagshaltung hinaus. Ein schwer krankes Kind lächelt, die Hochbetagte revitalisiert, ein Obdachloser vertraut dem Dreigestirn Geld für die Flüchtlingshilfe an. Das beglückte auch einen Papst.

Bräuche spielen in der „Anderswelt". Aus der geht man verändert, eben „anders", in die wirkliche Welt zurück. Wenn das Spiel gelang, nimmt das Ich das entdeckte Du mit. Das kann zur Lebensaufgabe werden. Ein Segen für die Aktion „Laachende Hätze", dass Holger und Gefolge eben nur „fast" zurück sind!

Wolfgang Oelsner